質を第一とする
人材育成

人の質,どう保証する

(社)日本品質管理学会 監修
岩崎 日出男　編著

日本規格協会

JSQC選書
JAPANESE SOCIETY FOR
QUALITY CONTROL

3

JSQC 選書刊行特別委員会

(50 音順，敬称略，所属は発行時)

委員長	飯塚　悦功	東京大学大学院工学系研究科
委　員	岩崎日出男	近畿大学理工学部機械工学科
	圓川　隆夫	東京工業大学大学院社会理工学研究科
	長田　　洋	東京工業大学大学院イノベーションマネジメント研究科
	久保田洋志	広島工業大学工学部機械システム工学科
	瀧沢　幸男	日野自動車株式会社 TQM 推進室 QC・SQC グループ
	竹下　正生	財団法人日本規格協会
	中條　武志	中央大学理工学部経営システム工学科
	宮村　鐵夫	中央大学理工学部経営システム工学科

●執筆者●

岩崎日出男*	近畿大学理工学部機械工学科
澤田　　潔	前コニカミノルタビジネスエキスパート株式会社 社会環境統括部（現高知 FEL 株式会社）
武石　健嗣	株式会社ジーシー秘書室

* 編集を兼ねる

用字・用語について

　JSQC 選書では，サービス業でも抵抗なく読み進められるように，原則，"品質"ではなく"質"を用います．ただし，"品質立国日本"や"品質表"などの歴史的経過から既に定着したと考えられる用語や固有名詞の場合には"品質"とします．
　また，"management"は"マネジメント"，"control"は"管理"と区別して表記することにしました．そもそも"管理"には広義（quality management：質を中心にした経営管理活動）と狭義（quality control：quality management の一部）が考えられます．欧米同様，それぞれ区別して用語を用いたほうが実施事項や実施範囲が明確になり，誤解なく意味が伝わりやすく，また，国際的な場面においても対応容易性が期待できるため，このように記すことにしました．

まえがき

　なぜ近年，質問題による不祥事が多発するのか．それは，経営トップに質を重要視する意識が足りないからである．

　"風が吹けば桶屋が儲かる"は，話の展開に意味のない単なるこじつけとも受け取れるが，なかなか面白いストーリである．しかし，"桶屋が儲けたければ，どんどん風が吹けばよい"という論理は成り立たない．論理に無理があり，非常に飛躍している．風刺的な笑い話として聞き流せばよい．

　この話の中で，"風"＝"質"，"桶屋"＝"企業"と置き換えれば，"質を改善すれば企業は儲かる"と表現でき，この展開は非常に論理的である．質が消費者にとっても生産者にとっても，その重要性を考えれば疑問の余地はない．すなわち，質を改善すれば失敗のコストをはじめとして，製造コストは低減する．また，同時に生産性が向上し，その結果として競合企業よりも優位な立場となり，営業業績がよくなり，利益確保と企業の業績を向上させることにつながる．すなわち，この展開は極めて論理的である．

　にもかかわらず，近年多くの企業において質問題が頻発し，消費者や社会を裏切る結果となり，企業の存続すら危ぶまれる事態が発生している．"質を改善する"ことは，すなわち"後工程，お客様から安心と信頼を得る"行為につながる．このことが企業の発展に貢献すると頭の中で理解し，かつ，知識として十分にもっているにもかかわらず，結果としてお客様を裏切り，社会に対して不信感を

抱かせる不祥事を引き起こしている．

いつの時代も，質問題は発生するものであり，パーフェクトな活動は非常に難しい．しかし，ここ10年間ほどのひどい事態は過去になかったのではないだろうか．なぜそのような事態が頻発するのか．その原因は質の軽視に起因していることに疑う余地はない．

生産活動において，"Q (Quality：質)"，"C (Cost：コスト)"，"D (Delivery：量・納期)" は非常に重要であり，各企業はしのぎを削ってQCDのレベル向上に努力している．しかし，QCDはその重要性において同列ではない．前述の"質を改善すれば企業は儲かる"の論理より明らかなように，"Q" が先にありきである．すなわち，"質を改善すればコストは低減できる"は正しい論理だが，"コストを低減すれば質は改善される"という論理は成り立たない．

質は，生産者と消費者のお互いが共通の認識として理解しあえる思想であり，共通語である．経営トップはこのことを十分に理解し，全組織，全従業員に徹底しなければならない．企業不祥事を発生させている企業の経営者の多くは，質を軽視した結果といえる．質を軽視することは，すなわち消費者を軽視していることである．

　"すべての経営者は，今一度，質を第一とするマネジメントの
　重要性に気づこう．"

"質第一" とは，"売上げ増大よりも，原価低減よりも，能率向上よりも，質を第一と考え，質の向上を最優先させていく"という考え方である．多くの企業は，社是・社訓の中で質第一をうたっているが，コストダウン，生産性向上，受注確保，売上げ増大だけを追

求し，質を保証するための活動が二の次になっている．このような企業は，いずれ市場で重大な問題を引き起こし，大切な取引先や顧客をなくす結果となるに違いない．

経営トップから現場の第一線までが，質を第一とする考え方を実践できる経営体質を確立しなければならない．そのために今一度，質を第一とする人材育成の重要性を考えてみたい．

筆者は，長年質管理の教育と研究を通して，多くの企業のTQM (Total Quality Management：総合質経営，総合質マネジメント) 活動の実践の場に参加する機会に恵まれた．その間の時代の流れの中で，変わらないものは質の大切さと，それをお客様の視点で考えることができる人の大切さである．人を育てる努力はどの企業もそれぞれの思いで取り組んでいるが，その育てる方向が質第一，お客様第一のベクトルに合っているかどうかが重要なのである．この視点に立ったTQMを実践してきた企業は，社会での存在感を勝ち取った成功企業となっている．

本書のタイトルは，単なる人材育成ではなく，あえて"質を第一とする人材育成"とした．その理由は，人材開発，人材教育，キャリア形成，リーダシップ，モチベーション，人事評価，人事異動，インセンティブなどといった人材マネジメントで用いられている人材開発の一般論に終わらず質を機軸に置いた人の育成に焦点を当てたことによる．

本書は，岩崎（第1章～第9章，第11章），武石（第10章事例1），澤田（第10章事例2）の計3名による共同執筆である．

最後に，本書執筆の機会を与えてくださったJSQC（日本品質管

理学会長）圓川隆夫氏，JSQC選書刊行特別委員会委員長の飯塚悦功氏ほかの関係者に厚く感謝申しあげます．何よりも，拙稿を何度も熟読していただき構成へのアドバイスや原稿上の不備を的確にご指摘いただいた久保田洋志氏（広島工業大学）には深く感謝申しあげます．また，日本規格協会の中泉純氏，伊藤宰氏，末安いづみ氏，宮原啓介氏の並々ならぬご支援と忍耐に心から感謝申しあげます．

2008年6月

執筆者を代表して

岩崎　日出男

目　　次

まえがき

第1章　経営トップがまず質管理を学ぶべきである

1.1　経営における質の重要性 …………………………………… 11
1.2　経営者の質に関する責任は重大である ……………………… 13
1.3　経営者は現場から質管理を学べ ……………………………… 16

第2章　人材育成こそが質管理　　　　　　　　　　　……… 19

2.1　人を育成していない企業に質管理はできない ……………… 20
2.2　質管理は教育である …………………………………………… 21
2.3　教育に金を惜しんではならない ……………………………… 22
2.4　人事部に質教育を任せるな …………………………………… 25
2.5　質管理は現場で学べ …………………………………………… 27

第3章　学び教えなければならない質管理の技術

3.1　質管理のための技術 …………………………………………… 29
3.2　質技術能力からの分類 ………………………………………… 42

第4章　質管理技術者が育たない要因

4.1　教育・OJTを含めた組織的な要因 …………………… 47
4.2　対象となる質技術の可視化に関する要因 …………… 49
4.3　標準化や共有化などの仕組みに関する要因 ………… 50

第5章　質管理の知識をどのように教えるのか　……… 53

5.1　質管理の教育内容 ……………………………………… 54
5.2　階層別教育 ……………………………………………… 54
5.3　データ解析に必要な教育 ……………………………… 59

第6章　質技術の人材育成

6.1　質技術の文化醸成 ……………………………………… 61
6.2　質技術伝承のための仕組みの確立 …………………… 63
6.3　質技術教育の推進 ……………………………………… 64
6.4　質方針の明確化と育成戦略 …………………………… 66
6.5　教育研修による質管理技術者の人材育成 …………… 66

第7章　質を第一とする人材育成システムの要件

7.1　人材育成の体系化の整備 ……………………………… 69
7.2　教育体系の整備 ………………………………………… 70
7.3　質技術の可視化 ………………………………………… 74
7.4　過去の経験活用から学ぶ仕組みの充実 ……………… 76
7.5　モチベーションの高揚 ………………………………… 78

7.6 人材育成こそ経営の最重要施策 ……………………………… 80

第8章　QCサークルは人材育成　……… 83

8.1 QCサークル活動がもつ六つの人材育成要素 ……………… 86
8.2 QCサークルを実践するために必要な要件 ………………… 91

第9章　問題解決の実践こそ人材育成の本質

9.1 問題の分類を認識する ………………………………………… 99
9.2 問題解決の手順をマスターする ……………………………… 102
9.3 問題解決実践力の評価ポイント ……………………………… 103
9.4 問題解決の実践に必要な能力 ………………………………… 109
9.5 QC手法のうまい使い方 ……………………………………… 109

第10章　人材育成の企業事例

事例1　（株）ジーシー …………………………………………… 117
事例2　コニカミノルタグループ ………………………………… 128

第11章　質を第一とする人材育成は社会に対する企業責任

11.1 人材育成と企業の社会的責任 ………………………………… 141
11.2 人材育成のフレームワーク …………………………………… 143

引用・参考文献 ……… 147
索　引 ……… 149

第1章 経営トップがまず質管理を学ぶべきである

　質管理とは，それぞれの組織にとって質を具体的に定義し，お客様に満足いただける質という価値を提供するための組織的な活動をいう．ここでいう質とは，品物の質及びサービスの質を主としているが，人の質，仕事の質なども包括する．すなわち，質管理は全部門，全階層として全組織で取り組んでいかなければならない．経営トップの質管理に対する理解と熱意が不可欠であることはいうまでもない．トップ自ら質管理を勉強し，自社にとって質管理の必要性は何かを十分理解し，その推進について強い信念をもつことが大切である．

1.1 経営における質の重要性

　大切なお客様に満足していただく製品を提供することによって，安心と信頼をきずなとした関係を築きあげるためには，しっかりとした質の管理がシステムとして確立していなければならない．すなわち，質管理は経営トップの仕事である．まずは経営トップが質管理を自らの立場で実践しなければならない．

　"市場でクレームが発生した"，"生産工程で不良品が発生した"という事態が発生したとき，"質保証や質管理部門はどのような管

理をしていたのか"と叱咤する経営者はけっこう多い．しかし，質を管理することは経営そのものであり，お客様との共通概念である質を第一に取り組むことである．叱咤するより，まずは，経営トップがリーダシップを発揮して質保証の体制を立て直す必要がある．トップ自らが先陣を切ってトップが果たすべき役割の質管理を実践しなければ，顧客との良好な関係は維持できないからである．

　まえがきでも述べたが，質を改善すればコストは低減できるが，コストを低減しても質は改善されない．質を改善すれば失敗のコストをはじめ，製造コストや検査コストが低減する．その結果として，競合企業よりも優位な立場となり，マーケットが拡大し，利益確保と企業の業績を向上させることにつながる．この展開は極めて論理的であり，経営者が質管理に取り組む重要性を示している．

　質は生産者と消費者の共通語であり，そのことは，質には"フィロソフィ"が存在することを意味する．社会の構造において，生産者と消費者は取引上対立する立場である．その対立する立場でありながら，質は同次元に位置する概念である．

　図1.1は，企業の利益確保や業績向上のためには，まず質の改善が出発点（第一）であることを説明している．"質の改善"から"コストの低減"への流れは一方通行であることを強調したい．決して"コストの低減"は"質の改善"にはならない．近年の多くの不祥事は，この関係を正しく理解していないことによる．目先の利益だけを追求することで，市場・社会に対して消費者を裏切り，社会的な問題にまで発展し，再起不能となるほど大きなダメージを受けている企業が多い．

```
Deming's Chain
            コストから出発していませんか？

品質の改善 ➡ コストの低減 ➡ 生産性の向上 ➡ ……
      一方通行
➡ マーケットの拡大 ➡ 売上げの増加 ➡ 利益の確保 ➡ 業績の向上


その先に
    企業の体質強化          社会への貢献
    ステークホルダからの信頼   企業の存在感
```

図 1.1 デミングの連鎖

[出典 ブライアン L. ジョイナー(狩野紀昭監訳, 安藤之裕訳)(1995):
第 4 世代の品質経営, 日科技連出版社(筆者一部追記・修正)]

1.2 経営者の質に関する責任は重大である

経営者が果たさなければならない質管理の役割として, 石川馨は次のようなものを挙げている[*].

① 品質管理・全社的品質管理・QC サークル活動について勉強し, 実際にどのように行われているかを調査し, その基本を十分に理解すること.

② 自社の体質を考えて, 全社的品質管理をいかなる立場で取りあげるかを考えて, TQC 導入方針を明確にし, 導入宣言を行うこと.

③ トップが, 品質及び QC, TQC についてリーダシップを

---

* 石川馨(1989):第 3 版品質管理入門, p.94, 日科技連出版社

とり，推進していくこと．そのために必要なTQC推進組織（QCサークル活動を含む．）を社長スタッフとして設立し，推進計画を作ること．

④ QCを実施していくのに必要な教育を行い，これとよく結びついた人員配置・組織計画などの長期計画を作ること．

⑤ 品質及びQCについて情報を集め，品質について重点方針を具体的に決めること．また，品質優先・品質第一の基本方針を出し，国際的視野に立って具体的に長期的品質目標を決めること．

⑥ 品質保証体制を整備すること．

⑦ 品質及びQC・TQM・QCサークル活動が，方針・計画どおりに行われているかをチェックし，アクションをとること（重点管理・日常管理・社長診断）．

⑧ 必要ならば各種機能別管理体制を確立すること．

このように，経営トップ層の質管理に対する理解と実践態度及びリーダシップが，企業の方向性を支配する．経営トップ層の役割は極めて重要であり，経営トップは質管理に関してもっと勉強しなければならない．自社の質管理体制を構築するために経営トップが知識を得る手段としては，毎年11月に開催の品質月間行事"クオリティフォーラム"で報告されるデミング・イノベーション・プログラム（DIP）等に参加して，他社の質管理の取組みをベンチマークすることも勧めたい．

経営トップが質管理への正しい理解を示したならば，自社の経営理念として人材育成の重要性を明言すべきである．そして，この経

営理念に基づき人材育成の基本的考え方を全社員に浸透させることが，経営者としてのリーダシップである．図 1.2 に積水化学工業(株)の中期人材ビジョンに基づく人事革新を示す．図から従業員一人ひとりの際立ちと自己実現を目指した働きかけは，組織の活性化と事業の発展へと連鎖していることがわかる．何よりも，"従業員は社会からお預かりした貴重な財産である" という考え方は経営者の人材育成に対する強い思いが込められている．

人事革新　PART II
(2006〜2007 年度)
「多様な人材の活性化」による企業価値の向上

事業の際立ちと CSR

際立つ人材⇔自己実現

成長フロンティアを拓く

得意技を持つ専門人材
(開発・設計・生産・施工・販売・技術サービス・アフターサービス・スタッフ)

チャレンジの場づくり　　学び自ら成長する風土　　成果主義(成長・コミットメント)

自己実現を目指した多様な働き方
安心して働ける職場

従業員は「社会からお預かりした貴重な財産」

図 1.2　積水化学工業(株)の中期人材ビジョンに基づく人事革新
［出典　積水化学工業(2007)：CSR レポート，p.46］

1.3 経営者は現場から質管理を学べ

 ある企業の現場責任者から，"大変なのです．来月にまた社長診断会があり，その準備のため膨大な資料を作成し，整理しなければならないのです"という悲鳴とも嘆きともつかない愚痴を聞いたことがある．この責任者は，自部門が社長方針の達成状況や日常における問題解決などが活発に行われていることを社長診断会で評価してほしいと願っているに違いない．したがって，よい評価を得るがための準備として，多くの資料や場合によっては少しばかりの脚色をした発表準備を考えるのは人間の心理として理解はできる．しかし，診断のためのこれらの準備は，ほとんどその後の自部門の質管理活動に有効な結果をもたらさない．

 社長診断会は社長が現場に出向き，その現場で今どのようなことが起こっているのか，何がその現場で問題なのかを正しく認識することが重要な目的である．つまり，社長が現場を見て現場の質管理の状況を把握し，自社の質レベルの長所や短所を的確に理解することが診断の目的である．この現場責任者が，膨大な資料作りに没頭し，そのために必要以上の時間を費やすことは無駄なことであるが，それ以上に自部門の実力を必要以上によく見せようとお化粧をしてしまうことのほうが問題である．実力以上の評価を受けると次回はそれ以上の期待を背負ってしまうことになり，結局は現場を混乱させてしまうこととなる．この現場責任者がするべきことは，社長診断会で今現場では何が起こっているのか，何が問題なのかを正しく理解してもらうことである．社長診断会を通して，社長を現場

で教育するという気持ちをもつくらいであってほしい．

経営者は，現場の正しい情報を欲しがっている．現場は社長に正しい質情報を提供する必要がある．そのために，社長診断会が有効である．また，社長をはじめとする経営者は診断会だけでなく，頻繁に現場に出向き，現場から質の重要性及びその実態を事実として自らの目で把握すべきである．その結果，経営者としての質マネジメントの方向性を学ぶべきである．このことにより，次年度の社長から出される質方針は，その目標と重点方策において全組織が納得できる非常に質の高い方針となる．

よく"TQMを導入し，方針管理を実施しているけれども，我が社の方針の達成状況がよくない"，"方針管理は形だけのシステムで有効な経営のマネジメントツールではない"などといった発言をされる経営者がいるが，その原因は方針管理というマネジメントツールにあるのではなく，前述のようにそのツールの使い方に問題があることに気づくべきである．

第2章 人材育成こそが質管理

　近年，質管理に携わる部門の存在感が薄れてきている．その要因の一つは書類作りに追われて質問題の解決がおろそかになり，市場クレームを早期解決できない，工程不良が低減しないなどの悪影響が慢性化しているためである．さらに，質管理に携わる人材を継続的に育成していないために，発生した質問題を効果的・効率的に解決できる体制がおろそかになっていることもある．

　派遣社員など非正規雇用者の比率が増加している現状では質教育の難しさはあるが，現場作業者の質に対する知識と実践能力の確保は全社の教育体系に基づき継続的に実施していかなければならない．

　すなわち，人が育たなければ質を管理することはできない．市場において評価される質を提供するためには，質管理に対する教育カリキュラムや時間に十分な投資が必要である．市場において質問題が発生していない状況は当たり前なのではなくて，その背景には質管理にかかわる人々の大変な努力が存在しているのである．質管理は目立たない地味な存在であるがために，質問題が発生していないという"当たり前"の現象が評価されないことがよくある．この"当たり前"こそ，真の質管理の実力といえる．そのためにも，普段から質を正しく理解し，質を第一とするマネジメントができる質

管理技術者育成を常に心がけるべきである（図 2.1 参照）．

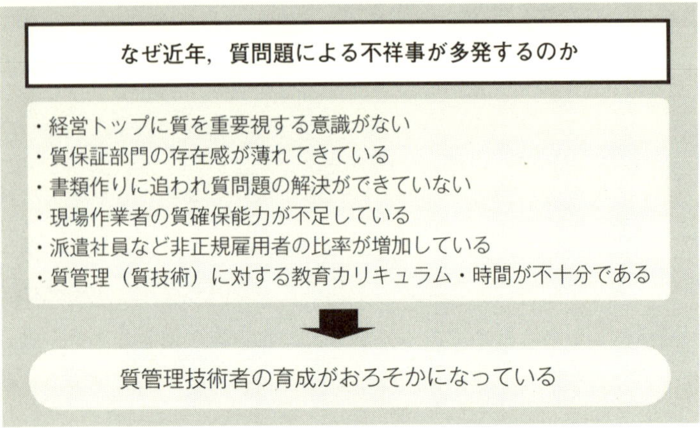

なぜ近年，質問題による不祥事が多発するのか

- 経営トップに質を重要視する意識がない
- 質保証部門の存在感が薄れてきている
- 書類作りに追われ質問題の解決ができていない
- 現場作業者の質確保能力が不足している
- 派遣社員など非正規雇用者の比率が増加している
- 質管理（質技術）に対する教育カリキュラム・時間が不十分である

↓

質管理技術者の育成がおろそかになっている

図 2.1　質管理技術者の育成の重要性

2.1　人を育成していない企業に質管理はできない

日本企業は様々な施策のもとに人材の育成を図ってきた．例えば，ジョブローテーションによって多くの職種を経験させたり，OJT（On the Job Training）によって技術や業務の伝承を図ったり，社内外の集合教育への派遣で知識を習得させたりと，多くの人材育成システムを体系的に運用している．しかし，人材育成の重要なポイントは，中長期的にどのような人材をどのように育てるのかを仕組みとして確立し，運用しているかどうかである．職階的な研修制度も新入社員教育から始まり，新任主任研修，新任課長研修，新任部長研修，役員候補研修などそれぞれの職位就任時に研修計画が実施され，各研修成果が正しく把握される仕組みが機能している

ことが大切である．

　人材育成のプロセスにおいて，単発的な研修の成果をチェックして，個人別の理解度を評価することはできても，育てるべき人材が計画的に継続的な中長期計画に基づいて育成されているかを検証しなければ意味がない．多くの企業は，経営方針や事業計画に人材の育成を掲げているが，それらの計画が確実に実行されているかどうかを検証する必要がある．

　経営者は，質を正しく理解し，質第一で業務を実践できる人材を育成する責任がある．すなわち，質を第一とする人材は自社にとって重要な経営資源であることを認識し，その人材を育成することが自社の将来の発展につながることを理解すべきである．

2.2　質管理は教育である

　"質管理は教育で始まり，教育で終わる"といわれている．多くの企業は，人材を最も重要な企業財産と考えている．人を育てることが企業の発展につながるとの信念から，人材の育成に多大な投資をしている企業は少なくない．最近では経営幹部の教育をはじめ，階層ごとの社内教育，社外教育，さらに職場の活性化教育などの教育プログラムを実践し，人の育成と教育との連携を図ってきている．特に，市場ニーズを反映した新製品開発現場での自主管理では，質管理教育は更に重要な要素となってきている．

　TQM活動の導入時期には，経営者への教育，部課長等の管理者への教育，スタッフへの教育，現場管理責任者への教育などの，各

階層に分けた教育が行われるのが一般的である．これらの教育は，学校の学習とは異なり，教育内容を自部門で実践し，質レベルを高め，競合の質よりも優位に立ち，市場において評価されるという結果が求められる．すなわち，知識の習得が目的ではない．例えば，PDCA (Plan–Do–Check–Act) サイクルは，常に強調される重要な質管理の教育内容である．初めて PDCA サイクルを学んだ時点における理解のレベルと，質管理活動が定着してきた実力ある企業における PDCA サイクルの再教育における理解レベルには相当な違いがある．PDCA サイクルは実践を背景にもつ知識であるから，頭で理解する以上に実践で活用することに意義がある．同じ教育内容，同じカリキュラムであっても教育対象者，教育時期などによって，その中身は進化していると考えるべきである．

したがって，教育には終わりがない．企業の業績がよいときもそうでないときも，常に教育は継続して実施しなければならない．

2.3 教育に金を惜しんではならない

教育に投資することは必要であると多くの企業は理解している．しかし，教育の成果は短期的に表れるものではなく，またその効果も把握しにくい．このような状況から，企業の業績が少しでも悪くなると経費削減のあおりを受けるのが，教育費である．図 2.2 は厚生労働省の調査による製造業と全産業の教育訓練費に対する企業の投資金額の推移である．横軸は，1985 年から 2006 年までの 3〜4 年間隔の年代を，左縦軸は，一人 1 か月当たりの教育訓練費

2.3 教育に金を惜しんではならない

の絶対額（平均）を，右縦軸は労働費用に占める教育訓練費の割合を示している．図 2.2 からも明らかなように，経済の低迷期である 1990 年代は教育訓練費が大幅に削減されており，景気の回復とともに増加している．まさしく企業の業績の影響は教育訓練費に連動していることがわかる．

さらにモノづくりを担う製造業の教育訓練費への投資状況は，全産業と比較してみると特徴的な傾向を示していることがわかる．図 2.2 のデータは全教育訓練費であり，この中で質管理のための教育訓練費の割合は不明であるが，想像するにこの景気の変動の影響は更に顕著な傾向を示しているものと思われる．なぜなら，質管理をはじめとする管理技術に関する教育成果は，非常に目に見えにくいため教育訓練費の削減対象の筆頭に挙げられる可能性が高いからである．

しかし，質管理をはじめ技術教育は一見地味であり，目立たない教育対象であるが，第 1 章でも述べたように質を第一とする基本的な教育である．"質を第一に考える"とは，質のよさを第一に据えることであり，それは顧客の要求を満たすことを意味するため，顧客第一の教育と換言できる．近年，日本のモノづくりにおける質が低下し，市場において多くの問題が発生しているのは，図 2.2 に示したように，1990 年代の教育訓練費への投資しぶりによる影響ともいえるだろう．教育への投資はすぐにはその成果は現れない．しかし，教育への投資を惜しむと，その反動は必ず数年後に大きな問題となって現れる．特に，質管理に対する教育の手抜きは，結果的には数年後にお客様を，そして市場を裏切ることになり，大きな

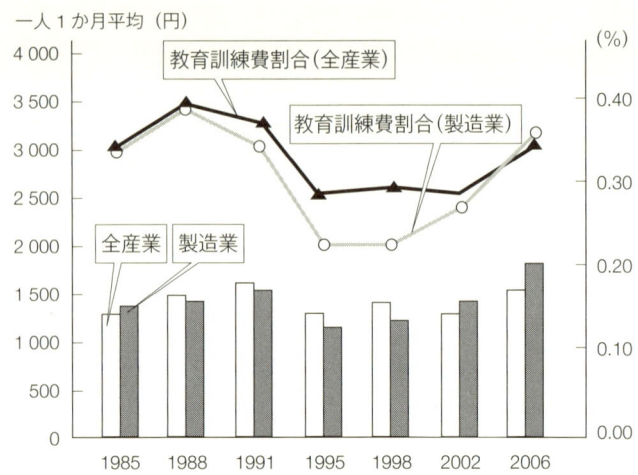

図 2.2 年代別教育訓練費の推移 (厚生労働省調査)
[出典 経済産業省・厚生労働省・文部科学省編(2007)：2007年度版ものづくり白書, ぎょうせい, p.185]

ツケが回ってくることになる．なぜなら，質は消費者と生産者の共通語であるという存在感ある"フィロソフィ"をもっているからである．

図 2.3 は，製造業における企業規模別教育訓練費の推移である．企業規模によって一人当たりの教育訓練費に大きな格差が現れている．従業員数が少ない企業での教育訓練費が極端に少ないことは，日本の製造業が中小・零細企業に支えられているという現実に対して将来の不安を抱かせる．

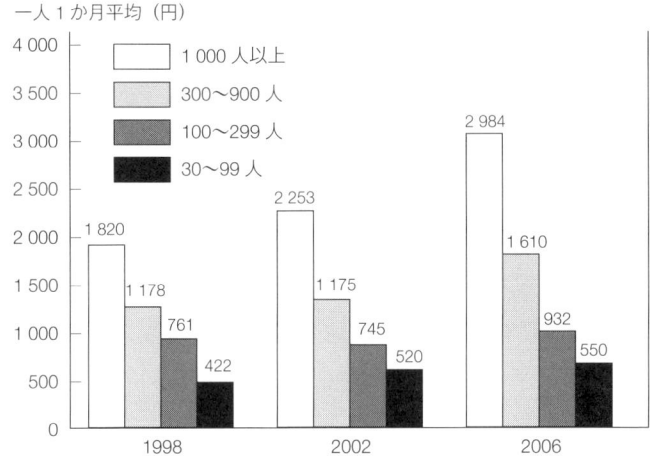

図 2.3 企業規模別教育訓練費の推移（厚生労働省調査）
[出典　経済産業省・厚生労働省・文部科学省編(2007)：
2007年度版ものづくり白書，ぎょうせい，p.205]

2.4　人事部に質教育を任せるな

　質管理に対する考え方やSQC（Statistical Quality Control：統計的質管理）などのツールの正しい理解と職場での実践を図るためには，全従業員に徹底した教育を行うことが重要である．

　一般に，企業における人材育成とは，企業理念をもとにした中長期人材育成計画に基づく，OJTやOff-JT（Off the Job Training）による教育訓練，仕事のローテーションなどによる人材の能力と価値を高めるためのマネジメントであるといえる．さらに，自己申告制度や人事考課などの組織的な活動は，組織と個人の能力を向上させ，より高いレベルの業務を遂行することを可能とする．

すなわち，組織が発展するために高い付加価値をもった人材を育成することが，企業の発展につながるといえる．このような目的をもって，広い意味での人材育成を全社的に統括しているのは，多くは人事部門である．人事部門は，組織を強化するために，個人の能力を高めキャリアを積み業務遂行の実力をより確かなものにしていくためのあらゆる教育訓練を，人材育成の一環として計画的に取り組んでいる．その意味で，人事部門が全社レベルの人材育成を取り仕切るのは当然といえる．しかし，質管理に関する人材育成は，他の教育とは少し違った方法で実施したほうがよく，人事部門に任せないほうがよい．

例えば，QC的問題解決の手順は当然知識として知っておかなければならないものであるが，いくら理屈でその手順を暗記しても実際の現場ではその手順どおりにはいかない．つまり，問題の背景をはじめ，その問題が発生した場面や状況はすべて同じではなく，それぞれの問題がもつ個別の条件のもとで解決していかなければならないからである．

お客様に満足していただく質を工程で作り込むためには，知識として学んだことの何十倍もの実践経験が必要とされる．質管理に対する能力を"質技術"と表現すれば，その技術は現場であるその部門が責任をもって人材を育成する必要がある．言い換えれば，組織の能力を高めるために必要な質技術を身につけた人材は，何ものにも増して強力な経営資源であり，その育成は極めて重要な経営的戦略である．前節で述べたように，部門において優秀な質技術を身につけた人材を育成するためには，決して投資を惜しんではならな

2.5 質管理は現場で学べ

　QC 的モノの見方・考え方の一つに "事実による管理" がある．質管理活動は，現場で発生している現実の姿，すなわち事実をしっかりと認識し，その事実の姿をデータで表現することを大切にしている．事実による管理は，主観的な内容や表現ではなく，客観的な事実に基づく判断で PDCA サイクルを回すことを意味している．客観的な事実とは，現場で発生している実態をデータで定量化することで得られる．

　以前，ある中小企業の社長から次のような話を聞いた．

　"今までは社長室は個室でした．私が社長になったとき，ほかの部長職と同じ大部屋にしました．その理由は次のとおりです．例えば，生産現場である作業者がミスをして不良を発生させたとします．その作業者は班長にそのことを報告します．さらに班長は係長に，係長は課長に，課長は部長に報告するという伝達方法でした．そのため，私のところに情報として入ってきたときには，大きく現実と違っているという経験をしたことがありました．そのような事実とは異なる情報をもとに，何らかの指示を出してしまうととんでもない過ちを犯すことになります．大部屋にしたのは，現場でミスをした作業者や現場の責任者が，いつでもその事実を報告しやすい

環境にしたかったからです".

　この話には，発生した現象に対する事実を全員が正しく把握するという基本的な行動と，今現場で，何が起きているのかをできるだけ早く情報を共有するという重要な管理の二面性が存在している．いずれもが，現場が中心であり，現場で作り込む質をいかに正しく管理しなければならないかを教えてくれている．質管理活動を実践するためには，多くの知識を学ばなくてはならないが，それらの知識が活かされるのは現場である．現場は非常に多くの質管理のための情報をもっている．このように現場は質管理の宝庫であり，道場でもある．現場をおろそかにした質管理はあり得ない．

　質管理を強化するための人材育成には，新入社員は当然であるが，中堅社員も定期的に現場を経験させることが大切である．先進企業であればあるほど，日々現場は変化している．その現場で，どのような変化が起こっているのか，今何が問題なのかを肌で感じる体験が必要である．現場をよく知り，事実を正しく把握し，的確なアクションがとれる真の質管理者を育成するのには，現場は最適な道場なのである．

第3章 学び教えなければならない質管理の技術

質技術を"自然科学・工学の知識をもとに，顧客満足を質レベルで達成するための技術"として定義づけたとき，その質技術とはどのようなものであるかを本章で述べる．

"質管理のための技術（知識も含む．）"，すなわち質技術を整理し解説した後，質管理推進に必要な能力とそれら技術との関係を説明する．

3.1 質管理のための技術

質管理を進めるうえで，必要となる技術を列挙すると次のようなものであろう．

(1) 各種要素技術と量産化技術

要素技術とは，製品化に対する基礎となる固有技術を技術の基本要素に分類したものをいう．例えば，機械部品の製造プロセスにおいては，金型設計，製作の技術は金型技術という要素技術であり，製品（部品）においては，機能，効率，外観特性，質向上などに必要な材料に関する固有技術は材料技術という要素技術である．ちなみに，固有技術の対としてよく管理技術が挙げられるが，これにつ

いても本節で述べる.

また，基幹技術や新たに創造された先端技術の融合によって，製品化が可能となったとき量産化に向けて，材料，設備，作業者，生産効率，原価低減，質確保などの生産要件を満足させるために必要な技術を量産化技術という．製品開発から販売・サービスのすべての段階において，消費者の立場で満足される質を確保するための要素技術と量産化技術を確立し，質管理技術者はその技術を習得しなければならない．

例えば，機器の小型化，薄型化，軽量化などのような改良がなされたとき，製品の強度や耐衝撃性を評価する技術や量産移行段階で製品の質保証と設備工程能力との整合性を評価する技術などを意味する．このような評価技術は質技術の一つといえる．

(2) 量産化に向けての質確保の技術

量産化に向けて初期流動期間を短縮し，早期に安定した質を達成することは重要な活動である．ただそれが難しい．その原因の一つに，関連する各部門が独自の管理を行うことで，発生する質問題が顕在化されず，質情報が部門間で共有できないことがある．つまり，問題解決の成果が部分最適となってしまっている．この原因によって，質管理の無駄な業務が発生し，結果的に質の保証が低下してしまう．開発から量産までの質技術は，関連部門間の質情報，予測トラブルの抽出，資材計画や在庫を含めた生産計画の精度など，消費者から見た質確保に対する全体最適化を達成するための技術といえる．

3.1 質管理のための技術

(3) 問題・課題解決に必要な技術

質管理活動は常に改善の繰返しである．質を起因とする多くの問題はそれぞれの職場に散在している．問題を効果的・効率的に改善するためにはそれに必要な知識と技術が必要である．

問題とは"あるべき姿と現状との差"と定義されるが，その問題の解決方法は，画一化されているわけではなく，それぞれの問題内容によってアプローチは異なってくる．問題がどのような背景から発生するのか，問題をどのように解決していくのかなどの知識と能力は，質をねらいどおりに達成していくためにだれもが備えていなければならない基本技術といえる．すなわち，問題の発見や課題を設定できる技術，理想とする状態がどのようなレベルかを設定できる技術，問題の発生メカニズムを明確にする技術，問題の真の原因を特定できる技術，原因に対して最適な対策案を抽出できる技術，問題解決の実施に対してその効果を正しく判断できる技術などが，問題・課題解決に必要な能力であり，本書ではこの能力をあえて技術と表現した．これらをまとめたのが表 3.1 である．

第 9 章では，問題・課題解決を実践するために必要な能力と手順について述べる．

(4) 標準化・マニュアル化の技術

標準化の解釈には次の二つが存在する．一つは与えられた場面や状況において共通に，かつ，繰り返し行動をとるために定められた規定を確立するための活動という解釈であり，もう一つは，現状の実力において最良の結果が保証されている状態という解釈である．

表 3.1 問題・課題解決に必要な技術

問題の発見や課題の設定	・何が問題・課題かを発見する技術 ・問題・課題を具体的なテーマに置き換える技術 ・問題の背景の危機感と重要性を認識できる技術 ・問題・課題の悪さをデータで表現できる技術
理想とする状態とそのレベルの設定	・適切な目標値を設定できる技術 ・役割分担と活動計画を立案できる技術 ・関連部門との協力体制を確立できる技術
問題の発生メカニズムと真の原因の特定	・要因解析のためのデータが収集できる技術 ・正しい解析手法が適用できる技術 ・統計的手法を正しく理解し適用できる技術 ・固有技術との関係から真の原因を特定できる技術 ・過去の改善事例から引用できる技術 ・外部環境や他社等の情報を的確に判断できる技術
最適な対策案の抽出と実施	・多くの対策案の抽出と効果的対策の選定技術 ・目標に対する達成度を評価できる技術 ・有形・無形の成果を確認できる技術 ・標準化への置き換えが正しくできる技術 ・残された新たな問題を整理する技術 ・改善内容を関連部署へ正しく伝達できる技術

質管理における人材育成の立場では，標準化は後者を意味する．すなわち，標準化された仕事において，その結果生み出されるアウトプットはその仕事に求められている質を保証したものである．

現在の仕事の実力が高いレベルかそうでないかは問題ではなく，現状のレベルにおいて最高の質を後工程に提供できる状態が標準化された姿と解釈できる．このような標準化された状態へ常に改善していく努力が必要であり，その努力の成果は標準化の制改訂の実績

で評価できる．つまり，標準化が積極的に実施されているという実績は，改善活動が活発に行われている証拠である．

QCストーリの流れの中で標準化のステップは，効果確認の後にある．すなわち，問題を解決し，その効果を確認し，その成果の持続を保証するために標準化が行われる．この一連の考え方と確実な実行のために必要な能力を，標準化・マニュアル化の技術と表現した．

(5) 設備保全や設備劣化診断，余寿命診断及び予測の技術

設備やシステムを保証するために，日常の設備管理や定期点検などは重要な活動である．設備の質を最適に維持し，設定された使用期間が常に適切な状態を保証するためには，設備やシステムに加えられる負荷，それらを構成する材料の特性，部品の変化，運用する作業者や技術者，さらには設備を取り巻く環境などを管理する必要がある．このように設備が目標どおり稼働し，その目的を達成するための信頼性活動は質管理において極めて重要な位置づけにある．設備やシステムの機能を正常な状態に維持するための点検やトラブル部品の修理・取替えなどの保全活動の管理も重要である．また，設備の劣化診断や余寿命の確率的予測に関する解析技術は，質管理を学ぶ技術者として正しい知識と実践を習得しなければならない．

(6) TQM推進の技術

質を第一とする経営を確立するために，全社員に対する教育プログラムの実行や各種マネジメントシステムの実践，及びそれに伴う

各種委員会などを効果的・効率的に運営するための技術が必要である．TQM活動は永続的な活動であり，中長期的な全社の目標のもとで具体的な推進計画を立案し，それに向けて全部門・全階層が一丸となって実施しなければならない総合的活動である．そのためにも方針管理の充実や機能別管理の導入など，経営方針を達成するための各種マネジメントシステムを効果的に運用していかなければならない．一般に，TQMを推進するための機能として，人材育成，方針管理，営業戦略，新製品開発活動，質保証，原価管理，量・納期管理，標準化，情報管理，環境・安全管理などが取りあげられる．このような機能を高めていくために全社を挙げてどのように推進するかは重要な管理技術である．組織の中で質管理推進部やTQM推進室と呼ばれている部門は，これらの技術を系統的に運用するためのスタッフとしての役割をもっている．

(7) 開発・設計段階での質評価技術

質のよし悪しは開発・設計段階でほぼ決まるといえる．この段階でねらいの質とその作り込みの質に，後工程や市場の要求を正しく反映していなければならない．質は工程で作られるというが，当然，この工程は製造工程だけでなく，開発・設計段階を含めた工程を意味する．したがって，市場調査から展開されたねらいの質が，商品企画書をはじめ設計図面に至るまで正しく反映されているかを評価することは重要である．この段階での主要な質評価技術は，設計審査に関するものといえる．すなわち，商品企画の設計審査，概略設計の設計審査，詳細設計の設計審査などにおいて，質，コス

ト，安全，信頼性などに対して後工程や市場を意識した正しい評価が行える評価技術の習得が重要である．

(8) 質情報システムのIT

質情報は開発段階から販売・サービスへと源流から川下へと流れる情報のルートと，市場で発生したトラブルをはじめとする各種市場情報を川上へとさかのぼる情報のルートがある．いずれのルートにおいても大切なのは，関係するすべての部門においてそれらの情報が共有されることである．しかも，これらの必要な情報が正しく迅速に関係部門に伝達されなければならない．当然，関係部門に伝達された情報は，解析され活用されるが，この段階で過去の実績・経験が活かされ，再発防止やトラブルの未然防止が的確に実施される必要がある．この一連の質情報の伝達・解析・活用のプロセスが精度よく機能するためにはITの確立が必要となる．

(9) 外注管理及び協力会社の質確保に関する技術

資材の調達，各種部品の加工・組立てなど，自社を取り巻く関係会社との連携なくして企業活動はあり得ない．自社内の質管理だけでは市場に対する十分な質の保証は達成できない．外注・協力会社から納入される資材や部品の受入れ検査だけでは当然，それらの質の保証は不可能である．購買や質管理部門は，外注・協力会社に対する質管理能力を正しく判断し，タイムリーに必要な情報を入手し，的確な指導・育成を行う必要がある．すなわち，自社を取り巻く関係会社との間において，互いに質を中心とするWin–Winの関

係を構築する管理技術が重要となる．

(10) 検査の設計や製品評価に関する技術

製品，部品などの検査仕様の設計や管理ができる能力，及び量産試作品の評価，完成品出荷の評価が実施できる能力を意味する．当然，検査に必要な計測器をはじめ各種評価試験機などを正しく管理する能力も含まれる．抜取検査においては，各種検査方式の正しい選定やサンプルサイズの決め方などの知識も十分備えていなければならない．同時に，単に検査記録の収集と整理だけでなく，それらのデータから工程の安定化のために統計的な解析技術も要求される．質保証部門や質管理部門はこのような技術を必要としている．

(11) 市場ニーズの把握，市場トラブルへの対応技術

新製品開発の出発は市場ニーズの収集からである．ニーズの把握はマーケティングの精度が鍵を握る．

市場ニーズの収集方法には，顧客から直接的に情報を収集する方法と間接的に収集する方法がある．いずれの場合も市場がもつ潜在的な要求情報をどのように把握するかが重要である．顧客ニーズの把握には，組織的なマーケティングが必要であり，顧客価値創造のための総合的活動と位置づけて潜在情報を的確に把握し，迅速な対応ができる体制を確立する必要がある．このように収集した市場情報のまとめ方として QFD（Quality Function Deployment：品質機能展開）は欠かすことのできない解析手法といえる．QFD における要求品質展開は，この市場情報の見える化のための最適な手法

である．

　一方，市場で発生した質問題に対して，その要因分析から原因の特定化を図り，応急対策及び恒久対策を実施し，市場でのトラブルを最小限に対応できる技術も重要である．市場トラブルの処理は質管理活動の原点でもある．市場でのトラブルを的確に処置することは消費者からの信頼につながる．また，類似のトラブルを未然に防止することが可能となる．さらに，トラブルの技術的解析によって，技術力の向上につながるなど，多くの改善活動のきっかけをつかむことができる．

　このように，市場とのつながりを最優先とする質管理技術は重要である．

(12) 質保証を仕組みとして運用する技術

　質の大切さは当然，すべての部門において理解され，それを全体最適の視点で仕組みとして運用することが重要である．多くの企業では，質保証の活動の見える化として，源流から川下までの活動のステップを縦軸に，関連部門・組織を横軸にとって，質保証のための実施内容をフローチャートとして整理した質保証体系図と呼ばれている仕組み図を作成している．質保証体系図は，市場に対してどのように質を保証しているのか，その活動の見える化の手段として非常に有効なツールである．

　この体系図に基づき各ステップが確実に実施され，その成果を確認・評価する技術，すなわち質保証が仕組みに基づいて確実に実施されていることを保証する技術が重要となる．

(13) 未然防止，故障解析などの信頼性技術

装置や設備がトラブルを起こすことなく正常に稼働するためには，部品レベルからシステムに至るまでの総合的な信頼性管理活動が必要である．

FMEA（Failure Mode and Effect Analyisis：故障モードと影響解析）やFTA（Fault Tree Analysis：故障の木解析）によって，設備やシステムのネック機能を抽出し，トラブルの未然防止を計画的に実施しなければならない．FMEA及びFTAは，製品や設備の構造をはじめとする電気，機械，化学などの固有技術をもとに故障モードを的確に抽出できる能力を要求される．これら故障モードの表現方法は，各固有技術者の共通の認識を得るために重要な検討事項であり，トラブル未然防止に対する活動の出発点ともいえる．一方，部品レベルでの耐久性や劣化レベルを故障確率として，システムの故障率の推定や市場における装置・システムの信頼性を統計的に推測する解析技術も重要な質技術といえる．

(14) 質データに対する統計的解析技術

開発段階や生産段階などで様々な質データが収集されているが，これらを正しく解析できる能力が必要である．

開発段階では，少数のサンプルデータから企画の質や設計の質への適合性を評価し，最適条件を選定する解析プロセスが特に重要である．このときに用いられる代表的な統計的解析手法は，実験計画法，多変量解析，品質工学などで，質管理技術者はこれらの解析手法を熟知していなければならない．

生産段階では，日々収集される比較的大量なデータから，工程変動を的確に把握し，適切なアクションをとる必要がある．QC 七つ道具をはじめ検定・推定などの各種統計的解析手法の知識とその活用について勉強しておくことが大切である．

これら，多くの解析手法は重要な質技術といえる．このような解析手法は，品質管理学会をはじめとして，(財)日本科学技術連盟や日本規格協会などの各種研究会で常に新しい手法が提案され紹介されているので，それらの動向に対して注意を払う必要もある．

(15) 固有技術を蓄積し，必要なときに活用できる管理技術

過去の失敗の原因を分析することで数多くの固有技術の蓄積が可能となる．また，開発段階では新技術開発や材料特性分析などから，新しい固有技術の発見があり，それらの技術が自社の財産として蓄積されていく．これらの固有技術は特許取得や技術レポートとして形に残されていくが，その有効活用を図るための管理システムも重要である．このような固有技術を活かすための技術を管理技術という．

固有技術の共有化は，その技術がどのような場面で，どのような対象に，どのように有効であるか，技術の背景をしっかりと見える形で表現し，蓄積されることが基本となる．固有技術の発展と活用を目的とした技術の蓄積は，その蓄積への出し入れシステムを管理技術として向上させることが質技術の一つといえる．

(16) 製品要求を仕様化できる技術

製品に対する寿命,耐久性,強度,安定などを基本とする様々な要求内容は,具体的な設計仕様に反映させるが,このときの仕様への変換技術には(11)で記述したQFDにおける品質表の作成が有効である(図3.1参照).すなわち,製品要求を市場の要求の質とおいて,それら要求の質の展開によって具体的に表現された内容を設計特性へ置き換えることで,設計の質の精度が高まり,その結果として現状の技術レベルが客観的に把握でき,新たな技術テーマの設定が可能となる.

プロダクトアウトによる製品設計仕様では市場に受け入れられない.市場の要求を設計仕様に変換し,市場の声を反映させるQFDは,マーケットインとしての管理技術の一つである.購入者,使用者の要求を的確に表現し,その情報を設計仕様に正しく変換できるための技術を習得することは非常に重要である.

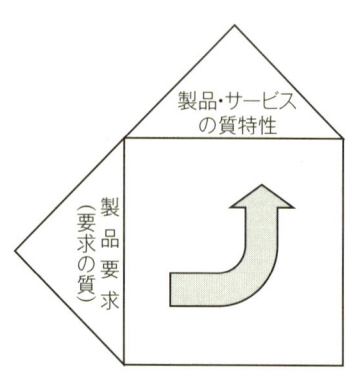

図3.1 品質表の考え方

(17) 各種マネジメントの仕組みと運用に関する技術

質管理の技術者は，質保証の仕組みを確実なものとして，全社での展開を実践していかなければならないが，質以外に安全，原価，生産量，環境などの機能に対する管理の仕組みに対しても，その確立と運用を推進していかなければならない．TQMでは，方針管理，日常管理，機能別管理などの各種マネジメントの仕組みの確立とその運用が重要なテーマとなる．

方針管理は経営目標を達成するための重要なマネジメント手法であるが，方針の策定から，展開，実施，評価・反省に至る各活動の仕組みが定着していなければならない．方針管理の仕組みを確実に運用することは大変なエネルギーが必要であり，このエネルギーが分散されないように全社をマネジメントしていく技術は欠かすことができない．方針管理に代表されるTQM推進のための各種マネジメントシステムが有効に機能するための仕掛けは重要な技術である．各種マネジメントシステムの精度向上のためには，そのシステムをどの程度のレベルまで向上させるのか，その目標と方策を具体的に設定する必要がある．これらの活動は，TQM推進部門が果たさなければならない役割の一つでもあり，その活動そのものが質技術といえる．

(18) 質を軸とした部門間調整の技術

企業組織は，基本的には部門に代表されるように縦の組織である．部門に所属する人は部門の利益・発展のために与えられた役割を達成すべく懸命に努力をしている．部門横断的な活動の重要性は理解

していても現実は，部門最適の考え方と仕事のやり方になっていることが多い．何の目的のための部門横断なのか，その目的と方向性が不明確であれば，部門間の調整などは非現実的なものとなる．

質は，1.1節でも記述したように企業内組織を超えたお客様との共通概念である．質をベースにすれば，その達成に対する企業内努力は部門の壁を破る源になる．そこで，質を基軸にした部門間の調整に対する働きかけは重要な質技術と位置づけられる．

以上，質技術とはどのような技術を意味するのか，その主なものを簡単に解説してきたが，それらを一覧表として示したものが表3.2である．

3.2 質技術能力からの分類

ここでは前節の質技術について，質管理推進の立場で必要な能力を分類する．

(1) 全社 TQM 推進に関する能力

質管理を推進するには，質管理部門や質保証部門の業務を実践するだけではうまく進まない．経営トップは適切な質方針を設定し，仕組みによって各部門に質方針をブレークダウンしなければならない．この質方針の策定には，経営企画部門や TQM 推進部門が自社の実績，市場環境，競合企業の動向を分析して的確な情報を把握することが重要となる．この能力は，"質方針策定の技術"，"TQM

3.2 質技術能力からの分類　43

表 3.2 質技術として位置づけられるもの

---
①各種要素技術と**量産化技術**
②量産化に向けての**質確保**の技術
③**問題・課題解決**に必要な技術
④標準化・マニュアル化の技術
⑤設備保全や設備劣化診断，余寿命診断及び**予測の技術**
⑥**TQM 推進**の技術
⑦開発・設計段階での**質評価技術**
⑧**質情報**システムの IT
⑨外注管理及び**協力会社の質確保**に関する技術
⑩検査の設計や**製品評価**に関する技術
⑪市場ニーズの把握，**市場トラブルへの対応技術**
⑫**質保証を仕組みとして運用する技術**
⑬未然防止，故障解析などの**信頼性技術**
⑭質データに対する**統計的解析技術**
⑮固有技術を蓄積し，必要なときに活用できる**管理技術**
⑯製品要求を**仕様化**できる技術
⑰各種マネジメントの仕組みと運用に関する技術
⑱質を軸とした**部門間調整**の技術

推進の技術"，"QC サークル推進の技術"，"質を軸とした部門間調整の技術" などの質技術が含まれる．

(2) 質保証 (QA) システムの運用能力

質のよし悪しは市場が評価するものである．したがって，市場の声を正しく反映した質保証の仕組みの運用が大切である．前節の質技術のうち，"市場ニーズの把握"，"質情報システムの IT"，"質保証を仕組みとして運用する技術"，"製品要求を仕様化できる技術"，"開発・設計段階での質評価技術"，"設計の質確保の技術"，"量産

化に向けての質確保の技術", "検査の設計や製品評価に関する技術", "外注管理及び協力会社の質確保に関する技術", "固有技術を蓄積し，必要なときに活用できる管理技術", "各種マネジメントの仕組みと運用に関する技術" などがこの能力に関係する．

(3) 質問題解決の技術能力

　質を改善する行為は永遠の活動である．質の改善は終わりなき活動であり，継続的改善といわれるゆえんでもある．質問題は完全になくなるわけではない．常に発生する問題を効率的・効果的に問題解決していかなければならない．前節の質技術では，"質データに対する統計的解析技術", "問題・課題解決に必要な技術", "標準化・マニュアル化の技術", "余寿命診断及び予測の技術", "故障解析などの信頼性技術", "未然防止", "設備保全や設備劣化診断", "市場トラブルへの対応技術" などが，この能力に関係する．

　以上の三つの能力が質管理を進めるうえで重要となり，それらが総合されたものとして，質技術要素と定義づけられる．質を第一とする人材を育てることは，これら三つの能力をバランスよく教育していかなければならない．部門，職種，職位，将来の配属部門などを考慮した育成対象の人材を適切に選定して，社内教育，社外教育，部内OJTなどによる計画的な教育プログラムを実践する必要がある．これは次のように表すことができる．

3.2 質技術能力からの分類

質技術要素＝全社 TQM 推進能力＋質保証システム運用能力
　　　　　＋質問題解決の技術能力

質技術を三つの能力に分けて，それらを質技術要素として表現したものを図 3.2 に示す．

全社 TQM 推進に関する能力	質保証システムの運用能力	質問題解決の技術能力
質方針策定技術	市場ニーズの把握	統計的解析技術
TQM 推進の技術	質情報システムの IT	質データ収集技術
QC サークル推進の技術	質保証運用の技術	問題・課題解決に必要な技術
質の部門間調整技術	製品要求を仕様化できる技術	標準化・マニュアル化技術
	質評価技術	余寿命診断及び予測の技術
	設計の質確保技術	故障解析等信頼性技術
	量産化の質確保技術	トラブル未然防止の技術
	検査の設計や製品評価の技術	設備保全・設備劣化診断技術
	協力会社の質確保技術	市場トラブル対応技術
	固有技術を活用できる管理技術	
	マネジメントの仕組み運用の技術	

質技術要素
＝全社 TQM 推進能力＋質保証システム運用能力＋質問題解決の技術能力

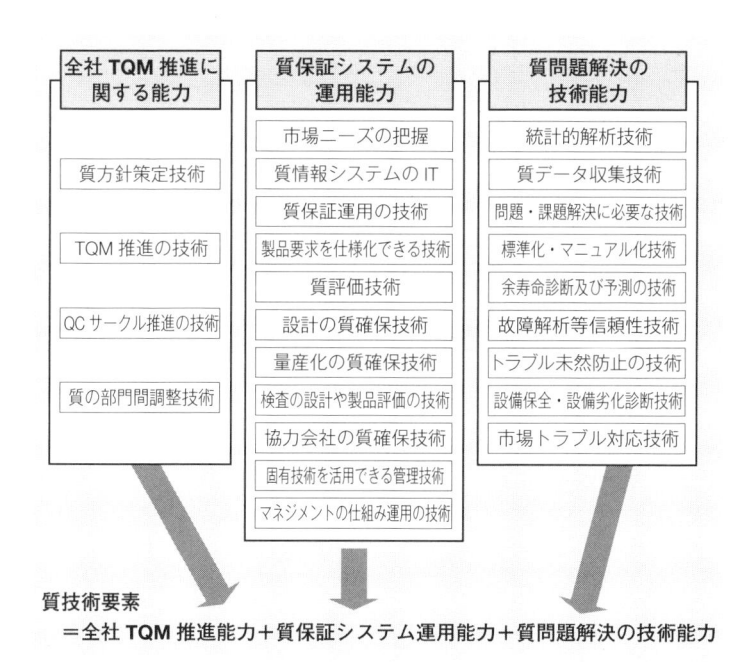

図 3.2　質管理推進能力の 3 分類と質技術要素

第4章 質管理技術者が育たない要因

　多くの企業は質管理技術者の育成問題に対して，何らかの危機意識をもっている．特に製造業は，質技術の社内普及における組織的な取組みに問題を抱えている．その問題とは，"質技術伝承に時間がかかり，円滑に進まない"，"意欲のある若年・中堅層の確保が難しい"，"教える方と教わる方の年代とレベルの差が開きすぎていて，コミュニケーションに苦労する"，"教える人材がいない"，"継承者が質技術を習得しても転職する"，"質技術の伝承の方法がわからない"である．さらに，"企業内の質問題と市場での問題の関係性が整理できない"，"質データに対する適切な解析手法が習得できない"などの問題も抱えている．

　質管理技術者が育たない要因を列挙すると表4.1のとおりである．また，表4.1の各項を分類すると，①教育・OJTを含めた組織的な要因，②対象となる質技術の可視化に関する要因，③標準化や共有化などの仕組みに関する要因に分けることができる．

4.1　教育・OJTを含めた組織的な要因

　質管理活動を正しく理解し，職場で質技術が実践できる人材を組織的に育成できない要因として，次のようなものに分類できる．

表 4.1 質管理技術者の育成の阻害要因

質技術に関する**情報の共有化**が難しい
技術革新のスピードが速く質技術の向上に限界がある
量産化技術をもつ技術者の**育成に時間**がかかる
人員削減で,質技術者が**不足**している
質管理技術者の**部門間連携**が進まない
質技術のノウハウ,スキルなど**可視化**が難しい
属人的な部分が多く客観的・普遍的方法論が少ない
各種質技術の**有効性を評価**することが難しい
市場の変化や顧客要求の多様化が**共有**できていない
個人技術になり**水平展開**が図りにくい
組織の細分化により共通の質技術が**分散**している
若年層が少なく伝承する質管理技術者が**現場にいない**
失敗事例から学んだことを確実に**再発防止**ができない
広範囲の知識を必要とする質技術が多い
経験や**感性に依存**する技術が多い
標準化及びメンテナンスが**頻繁**に発生する
標準化や**更新のスピード**に追いつかない
モノづくり全般を**経験した人**が少なくなっている
生産工程**すべて**を理解できる経験が困難となっている
製品の複雑度が上がり**ブラックボックス化**した部分が多い

① 育成に時間がかかる.
② 開発から販売までの全ステップを理解できる経験者がいない.
③ 自職場に質技術を理解している人がいない.
④ モノづくり全般を経験した人が少ない.
⑤ 質管理技術者の人員が少ない.
⑥ 自職場において必要な質技術が整理できていない.

⑦ 質技術の社内教育体制が確立していない．

⑧ 教育後の知識の活用場面が少ない．

⑨ 上司が質改善に対する評価の方法を知らない．

4.2 対象となる質技術の可視化に関する要因

第3章で記述した質技術は，その達成度レベルを客観的に評価することが困難なものが多い．質問題に対する解析技術の習得レベルは比較的に客観的な評価が可能であるが，その活用に対する実施能力などは，その習得能力の評価が困難なものがある．さらに，自部門の質管理の実施に対する運用能力などは，過去の経験やセンスなどが重要となり，技術レベルの把握は困難なものが多い．このような背景のもと，質技術に対する可視化に関する阻害要因として，次のようなものがある．

① 客観的・普遍的方法論が少ない．

② 質とその重要性に対する価値観が異なる．

③ 質技術の習得範囲が時代や環境により変化する．

④ 質技術の習得に年数を要する．

⑤ 質技術の有効性評価が難しい．

⑥ 広範囲の知識を必要とする．

⑦ ノウハウ，スキルなど可視化が難しい．

⑧ ブラックボックス化した部分が多い．

⑨ 経験や感性に依存する技術が多い．

4.3 標準化や共有化などの仕組みに関する要因

組織的に正しい標準化活動を理解していない場合が多い．問題を解決する実力が不足しているために，問題を解決するためにとった対策が持続せず問題の再発が頻繁に起こる．標準化の正しい理解は，現在の実力において最良のアウトプットが後工程に保証できる状態を意味することである．後工程に最良のアウトプットを保証するためには，質問題を確実に解決することが必要であり，解決されたその状態を持続することである．すなわち，標準化の前提として正しい問題解決が必要である．

標準化や標準による共有化などが仕組みとして定着しない要因として，次のようなものがある．

① 質問題を正しく解決できない．
② 統計的解析能力が不足している．
③ 自部門内で標準化の重要性が認識されていない．
④ 問題解決の部門間連携が進まない．
⑤ 標準化や更新のスピードに追いつかない．
⑥ 組織の細分化によって質技術の共有化が複雑になる．
⑦ 標準化及びメンテナンスが頻繁に発生する．
⑧ 個人技術になり水平展開が図りにくい．
⑨ 確実な再発防止ができない．
⑩ 質情報の共有化が仕組みになっていない．

質技術を社内に普及させ，伝承させるにあたっての阻害要因を三つに分けて整理したものを図4.1に示す．

4.3 標準化や共有化などの仕組みに関する要因

教育・OJT を含めた組織的な要因

- 育成に時間がかかる
- 生産工程すべてを理解できる人がいない
- 自職場に質技術を理解している人がいない
- モノづくり全般を経験した人が少ない
- 質管理技術者の人員削減
- 自職場において必要な質技術者が整理できていない
- 質技術の社内教育体制が確立していない
- 教育後の知識の活用場面が少ない
- 上司が質改善に対する部下の方法を知らない

質技術教育体系が不十分

- 客観的・普遍的方法論が少ない
- 質とその重要性に対する価値観が異なる
- 質技術の習得範囲が時代や環境により変化する
- 質技術の習得に年数を要する
- 質技術の有効な評価が難しい

対象となる質技術の可視化に関する要因

- 広範囲の知識を必要とする
- ノウハウ、スキルなど可視化が難しい
- ブラックボックス化した部分が多い
- 感性に依存する技術が多い

標準化や共有化などの仕組みに関する要因

- 質問題を正しく解決できない
- 統計的解析能力が不足している
- 自部門内で標準化の重要性が認識されていない
- 部門間連携が進まない
- 標準化や更新のスピードに追いつかない
- 組織の細分化により質技術が分散
- 標準化及びメンテナンスが頻繁に発生する
- 個人技術になり水平展開が図りにくい
- 確実な再発防止ができない
- 質情報の共有化不十分

図 4.1 質管理技術者の育成の問題と難しさ

第5章 質管理の知識をどのように教えるのか

　質管理技術者を育成するためには，それを目的とした教育プログラムを確立し，実践することが重要である．このプログラムには，個々の質管理技術者がもっている潜在的能力を引き出すための教育訓練，新しい質技術を創造し開発するための技法の教育訓練などが盛り込まれている必要がある．その意味で，次の質管理技術者教育体系を確立することに意義がある．

① 質管理技術者育成に対する教育研修計画の中長期的目標の設定
② 質管理技術者育成に対する教育研修体系の確立
③ 質管理技術者育成に対する教育研修後の能力評価方法の確立

　また，一般に技術の習得は，仕事を通じて，また，自己啓発の中から達成されるものであるが，これを支援するのがOJTである．質管理技術者教育においても，個人の自己啓発と職場におけるOJTによる進捗過程のタイミングで実施される．

5.1 質管理の教育内容

質管理の教育プログラムは,社内教育や社外教育などにおいて数多くのメニューが用意されている(表 5.1,表 5.2 参照).質管理活動の初期段階から推進段階,発展段階へとその活動が進むにつれて教育内容も変化する.一般には,新入社員,中堅社員,管理職などの階層ごとに質管理教育が整備されており,全社的な教育体系が確立されている.

また,QC サークル,QC 七つ道具,問題解決の方法,管理図法,統計的解析法,実験計画法,質管理の推進方法など,質管理の知識の内容別教育体系も充実したものがある.

5.2 階層別教育

質管理教育は,役員から新入社員まで幅広い階層に対して行われ,一般的にはそれぞれの階層別に教育カリキュラムが構成されている.階層の区分としては,経営トップ層,部課長層,係長・職組長層,中堅社員層,新入社員層などである.一方,教育内容は技術系か事務系かによって,その職種に応じたカリキュラムが構成される.図 7.3,図 7.4 はこれらの階層別教育体系の教育内容を示した一例である.

経営トップ層には,第 1 章で記述した質の重要性とその方針の設定方法及び全社員への普及展開の仕組みと役割について教育する."質なくして経営なし"の考え方が全役員に浸透し,それぞれ

が主管する部門において質を基軸にした経営ができる役員（人材）を育成することが目的となる．経営トップ層は業界はもちろん，社会の環境変化に敏感でなくてはならない．したがって，社外で開催されている経営者向けの質管理教育への積極的な受講を勧める．つまり，他企業の経営トップ層との交わりの中で，自社の質経営のあり方を再認識する貴重な体験を自ら進んで参加するという積極的な姿勢を期待する．

部課長層には，上位方針を正しく理解し，自部門への展開が的確にできる能力を身につける教育が中心となる．そのためにも，自部門の問題点を常に認識し，その解決のためにプロジェクトやチームを適宜構成し，スピードある問題解決力を部内に醸成させる能力を養うことが重要である．つまり，日常管理と方針管理のマネジメントシステムを確実に運用できる人材を育てることが目的となる．

一方，技術系では，開発段階や生産現場から収集される質データに対して目的にあった統計的解析方法を活用でき，必要に応じて部下への指導・アドバイスができる能力が要求される．統計的解析法に関する専門書は数多く市販されているが，独学で正しい解析法を習得するのはかなり困難である．このような専門的教育は，外部のセミナーを受講し，解析の専門家のもとで正しい知識を身につけることが早道といえる．

技術系の部課長は統計データの解析に対して，部下から質問やアドバイスを要求されたとき，適切な指導ができないことは恥と認識しなければならない．部課長は組織の中で最も活躍を期待されている重要なポストである．部課長が管理者としてしっかりとしている

表 5.1 社内の代表的な品質管理教育コース

	コース名	対象	期間	内容(例)
社内の代表的な品質管理教育のコース	役員セミナー	経営幹部	1～2日間×2カ月	・社外トップによる特別講演 ・社内トップによる講話 ・学識経験者による品質管理特論 ・TQM(品質経営)推進の実情と重要課題の報告 ・重要課題に対するグループ討論・論点整理(長期的視点を要するしくみ面の課題を重視) ・前後期セミナーの間でグループ別の検討 ・重要課題に対するグループ討論のまとめと全体討論 ・グループ討論結果の展開方法の検討
	マネジメントセミナー	管理者 (部課長,所長)	3日間～4日間	・経営幹部による講話 ・他社管理者によるTQM実践の特別講演 ・機能別のマネジメントシステムとマネジメントスキル向上 ・部下育成とコーチング ・自職場の課題を題材にグループ討論と発表 ・情報交換会
	ゼネラルコース	管理者 従業員	4日間×2カ月	・経営幹部による講話 ・TQMの導入目的と実施状況の確認 ・統計的方法(分布,検定・推定,分散分析,多元配置実験,信頼性工学,相関分析・重回帰分析など)の学習 ・方針管理と日常管理 ・自職場問題のテーマ登録・QC的問題解決・発表 ・事業所見学(希望者)
	品質管理導入コース	従業員	2日間	・QCストーリー ・QC七つ道具の演習 ・紙飛行機の製作・飛行を題材にグループ演習
	新入社員教育	従業員	半日間	・TQMとは,その導入理由と活動内容の紹介 ・QC的ものの見方・考え方
	QCサークル研修コース	従業員と協力会社のQCサークルリーダー	2日間	・TQM活動とQCサークル活動 ・QCサークルとは,活動のポイント,運営のしくみ ・職場の問題を題材にQCストーリーとQC七つ道具のグループ演習

[出典 中條武志,山田秀編(2006):TQMの基本,日科技連出版社,p.125]

表 5.2 社外の代表的な品質管理教育コース

コース名	対象	期間	内容（例）
TQMトップコース	新任経営幹部	3日間	・グローバル社会での品質経営の重要性 ・先進企業トップによる品質経営における経営戦略の実践の講話 ・課題討論 ・情報交換会
部課長コース	管理者	3日間 ×2カ月	・品質経営にリーダーシップを発揮するには ・経営課題解決のためのマネジメント手法（方針管理，課題達成・問題解決法，QCサークル活動など） ・リーダーシップ，コーチング，リスクマネジメントについて ・グループ討論 ・情報交換会
QCセミナー「ベーシックコース」	管理者 従業員	5日間 ×5カ月 〜6カ月	・TQMの全体概要（品質管理，QC的ものの見方・考え方，問題解決法，品質保証，品質マネジメントシステム，QFDなど） ・統計的方法（データの取り方，管理図，検定・推定，分散分析，サンプリング，抜き取り検査，回帰分析，実験計画法，官能評価，信頼性工学，新QC七つ道具など） ・QCゲーム，各種演習，班別研究・発表 ・特論 ・情報交換会
QC専門セミナー（多変量解析，実験計画法ほか）	管理者 従業員	1週間程度	・多変量解析法（回帰分析，主成分分析，数量化理論，演習，事例紹介など） ・実験計画法（要因配置計画，直交表，パラメータ設計，乱塊法，分割法，最適計画，シミュレーション実験など）
QCサークルリーダーコース	従業員 協力会社の管理者	3日間〜5日間程度	・TQMとQCサークルの役割 ・QCサークルとは，活動のポイント，運営のしくみ ・QCサークル活動におけるトップの役割・管理者の役割・リーダーの役割 ・問題解決型・課題達成型QCストーリー ・QC七つ道具・新QC七つ道具 ・実践例 ・職場の問題を題材にQCストーリーとQC七つ道具のグループ演習 ・情報交換会

［出典　中條武志，山田秀編(2006)：TQMの基本，日科技連出版社，p.125］

※　社外の品質管理教育は，(財)日本科学技術連盟または(財)日本規格協会が主催するコースを受講する例．

部門は,常に活力があり活性化している.その部門の社員たちは心が踊っている活き活きとした仕事ができる集団である.

係長,職・組長層は,現場を任されたプロ集団である.現地,現物,現実の3ゲン主義に基づいて,現場の質の実態に常に目を光らせていなければならない.現場で発生した一見では取るに足りないと思える質問題に対して,その事の重大さを正しく判断できる人材が求められている.作業者の単純ミスから発生した不良は,後工程から見ると重大な欠陥かもしれない.単なるミス1件ではなく,そのミスの背景に設備の調整不良や老朽化が潜んでいるかもしれない.ミスへの対策は,作業者への注意や作業標準の徹底だけでなく,設備を含めたライン全体の問題まで深く広く考究できる能力を要求されている.

現場は常に"後工程はお客様"の意識をもたなければならない.自工程完結に徹した現場の管理が可能となるのは,職・組長の実力といえる.QCサークルが活性化している職場の背景には,このような職・組長がいる.すなわち,職・組長はQCサークルの活動が,自分たちの職場において与えられた質を達成するために最も重要な位置づけであると確信しているのである.QCサークルのリーダとのコミュニケーションを大切にし,QCサークル活動の実態に常に注意を払う必要がある.このような職・組長を育成するカリキュラムがこの階層に要求される.

中堅社員層は,自分の仕事の中で,仕事の仕組みが把握でき,現在の仕組みの問題点が具体的に見えてくる時期である.顕在化している問題は,即座に解決に取り組む必要があり,QC的問題解決

の手順に従うとよい．特に，現状把握の段階と要因分析の段階では，データに基づく事実の数値化を積極的に行い，問題の見える化と原因の特定化を実践する能力を要求される．

さらに，この階層に求められるのは，現時点では問題として顕在化してはいないが，今の仕事のやり方やその仕組みではいずれ何らかの問題が発生することを予測して，潜在的問題を発掘し，問題が起こる前に適切な未然防止が実施できる能力である．これらの活動を普段の仕事の中で日常的に行うためには，QC的問題解決の能力と統計的解析法を中心とするQC手法を習得しておく必要がある．

新入社員層は，質管理活動が企業にとっていかに重要かを十分に理解させるための新人教育が必要である．質を大切にする考えは，社員一人ひとりのモラルとモチベーションの問題でもある．企業はお客様があってこそ成り立ち，お客様から信頼される質を提供することが基本であることをこの段階で十分に認識させる必要がある．

基本的なQC手法の知識を習得するための教育カリキュラムを，時間をかけて徹底的に実施することが大切である．特に，QC的モノの見方・考え方については，多くの具体的な事例のもとで実践的に習得させる必要がある．この階層で，社内でのQC会話が共通語となるようにQC用語の正しい知識を身につける必要がある．

5.3 データ解析に必要な教育

質管理のルーツは，抜取検査や管理図に代表されるように，確率と統計の知識が生産の場に適用されたことである．その後，SQC

(統計的質管理) として定着し，開発プロセスや生産現場でのデータ解析が非常に大きな成果を上げ，統計解析の重要性が認識され，今日までその有効性は脈々と続いている．すなわち，企業活動においてあらゆる場面で収集される多種多様なデータを統計的に正しく解析し，客観的な結論を導き出すための解析知識は必須条件である．

統計的手法は知識としてただ知っているだけでは何の意味もない．解析の場面において，解析の目的は何か，どのようなデータをどのように収集するのか，収集されたデータの性質に応じてどのような解析を行うのか，解析結果をどのように解釈するのか，得られた結論からどのように対象の場に対策を実施するのか，などの実際の現場への行動が解析者として要求される．統計的解析法の教育はある一時期実施すればよいというものではなく，職位や部署の変動に応じて，それぞれの立場にあった統計解析プログラムを繰り返し教育することが大切である．表 5.1 に示す教育内容を参考に，自社にあった教育プログラムを構成することを考えてみるのもよい．特に，社内教育では，手法の解析手順だけでなく，過去の解析事例を多く取り入れた実践的プログラムを構築する必要がある．

第6章 質技術の人材育成

　質技術の育成を目的とした教育には，経営戦略をはじめ多くの仕組みや制度の確立が必要となる．本章では，長期的な技術戦略，質管理技術者育成の教育体制の整備，質技術の伝承に対する貢献度，さらに企業にとって有用な技術を保有している質管理技術者への評価システムなどを含めた重要要件を整理する．

　表 6.1 に，質技術の伝承を含めた育成のキーワードを列挙する．これらが質技術の育成に有効な取組みといえる．

　これらの項目を人・組織，過去の質管理活動，各種教育や制度に分類した取組みが必要となる．すなわち，育成すべき質技術は何であるかを絞り込み，OJT や質教育カリキュラムなどの社内体制を整備し，質技術伝承のための仕組みを確立するという基本的な活動が重要である．

6.1　質技術の文化醸成

　質の不具合から後工程や市場において大きな問題を発生させた事例は少なくない．人であれ組織であれ，常に 100％完璧な結果が保証されるとは限らない．ミスは決して許されるものではないが，だれもがミスを起こすリスクをもっている．大切なのは，一度起こし

表 6.1 質技術の育成に必要な取組み

社内**質技術研修制度**の充実（人材，技術研修体系）

全社での共通の質技術課題の解決と**共有化**

社内質情報交流制度などによる**組織や時間を超えたコミュニケーション**の促進

質技術人材の**知識データベース化**による質技術力の育成

質技術の**保有者を中心にした新人**の育成

設計審査の有効活用による質技術のノウハウ伝承

質に関する高度な知識，技術，技能をもった**人材の流出防止**（社内認定制度の制定）

各種質推進委員会，分科会，事例発表会等の設置による**横展開**の推進

失敗例に対する振返りとレビューの実施

重大事故の**対策技術の横展開**

質**標準**，作業標準，業務マニュアルの進化

定期的な標準の見直し，開発直後の規定見直し

質向上活動の**ベストプラクティス事例**の全社展開

質技術の**集合教育プログラム**の充実

た失敗を二度と起こさないためにどのような対策を実施したかである．すなわち，再発防止は質管理を実践するための基本的な活動であり，後工程や顧客の信頼を確保する出発点である．

　一つの失敗を組織全員が共有することで同じ失敗を起こさないことが重要である．再発防止は当然であるが，さらにその教訓から未然防止へと展開することが期待される．失敗は企業にとって大きな財産であるという考えをもつことが大切である．PDCAのサイクルで代表されるように，改善活動はエンドレスである．実績結果を客観的に評価し反省して，次への計画へとつなげる行動は質管理の基本である．組織を質というキーワードで連携させ問題を共有する

ことができる体制が確立できれば，自ずと質文化は生まれてくる．他社や他部門の活動から学び，お客様の視点に立った質を達成するためにも優秀な質管理技術者の育成システムを確立する必要がある．

次に質技術の文化醸成のためのヒントを示す．

① 失敗例からの学習
② 重大事故対策技術の横展開
③ 開発の質の可視化
④ 他社の取組みの研究
⑤ 部門間の質情報推進
⑥ 振返りとレビューの実施
⑦ 質データベースの構築
⑧ 課題解決の共有化
⑨ ITを活用した情報共有化
⑩ 事例発表会の設置

6.2 質技術伝承のための仕組みの確立

組織は常に進化している．固有技術は当然のこと，質技術も過去からの経験やノウハウの積み重ねでどんどん進化している．質技術が有効に活かされるための組織的な取組みが必要であり，そのための仕組みを工夫しなければならない．

質技術は決して個人の技術になってはならない．その技術が共有されるためにも見える形に表現することが大切で，具体的な事例と

ともに標準化されなければならない．標準化されたノウハウは活用され，見直され，共有化される必要がある．標準化が適切になされていること，すなわち標準化の制改訂は改善活動の活発度を表す尺度でもある．質技術の伝承の確かさは，標準化活動の実力と評価できる．

次に質技術伝承のためのヒントを示す．

① ノウハウ，スキルなどを可視化
② 社内認定制度の制定
③ 個人能力の可視化
④ 質情報交流制度
⑤ 質技術人材のデータベース化
⑥ 定期的な標準の見直し
⑦ ベストプラクティス事例の展開
⑧ 質標準，作業標準，業務マニュアルの充実
⑨ 設計審査の指摘内容の有効活用

6.3 質技術教育の推進

人を育てるためには教育は必須条件である．常に問題意識をもち，改善するという行動には，質に対する強い関心と問題解決の正しい知識を備えていなければならない．3.2節で述べた，全社へのTQM推進，質保証システムの運用，質問題解決の3能力を育むためには，教育体系を中心に人材育成の推進を強化する必要がある．

次に質技術教育を推進するためのヒントを示す．

6.3 質技術教育の推進

① 質技術力の育成
② 技術の保有者の確保
③ OJT によるノウハウ伝承
④ 質技術教育体系整備
⑤ 質技術の有効性評価
⑥ 階層別プログラムの充実
⑦ 人材, 技術研修体系
⑧ 質技術の集合教育
⑨ 経験者による新人の育成

図 6.1 は, 質技術の伝承の要件として, 上記に列挙した, 質技術

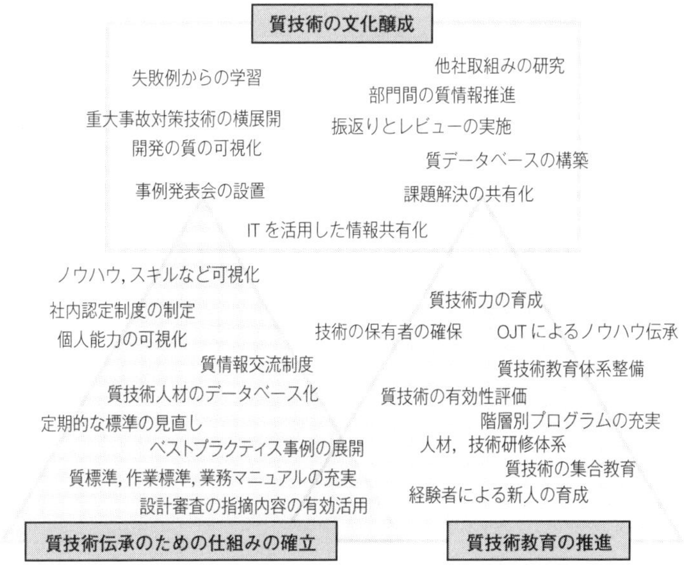

質技術の文化醸成

失敗例からの学習
他社取組みの研究
重大事故対策技術の横展開
部門間の質情報推進
開発の質の可視化
振返りとレビューの実施
質データベースの構築
事例発表会の設置
課題解決の共有化
IT を活用した情報共有化

ノウハウ,スキルなど可視化
質技術力の育成
社内認定制度の制定
技術の保有者の確保
OJT によるノウハウ伝承
個人能力の可視化
質情報交流制度
質技術教育体系整備
質技術人材のデータベース化
質技術の有効性評価
定期的な標準の見直し
階層別プログラムの充実
ベストプラクティス事例の展開
人材, 技術研修体系
質標準,作業標準,業務マニュアルの充実
質技術の集合教育
設計審査の指摘内容の有効活用
経験者による新人の育成

質技術伝承のための仕組みの確立　　**質技術教育の推進**

図 6.1 質技術の伝承のための取組み構造

の文化醸成，質技術伝承のための仕組みの確立，質技術教育の推進の三つの取組みで分類したものである．

6.4 　質方針の明確化と育成戦略

　企業経営の理念や中期経営計画・年度方針の策定と展開の仕組みに基づいて，質方針の策定・展開を明確に示すべきである．質を第一と考える人材の育成方針として，習得すべき技術やそのための育成計画を中長期計画として，あるべき姿とその方策を具体的に設定することが大切である．これらをもとに，部門別，個人別に育成計画のマスタープランを作成する．表6.2左欄のような活動項目が，質管理技術者の中長期的な育成に必要な内容といえる．

6.5 　教育研修による質管理技術者の人材育成

　教育研修は階層別，分野別に体系化し，それぞれの教育内容を明確にする必要がある．また，OJTや研修などを通じて育成された個人の能力評価を正しく評価する仕組みの確立も重要である（図6.2参照）．

表 6.2 経営理念に基づく質管理技術者の育成

質技術を目的とした人材育成	教育研修による質管理技術者の育成
・質技術の尊重を経営の理念，方針に明確化 ・中長期方針から具体的な**個人別計画**への展開 ・質技術習得に対する**処遇システム** ・質技術の重要性に関する**経営戦略の明確化** ・質技術の確立が経営課題であるという**風土形成** ・質技術の習得と個人のキャリアデザインの融合 ・企業の**コア技術**と質技術の関係の明確化 ・時代の変化を先取りした**教育体系の構築** ・ITを活用した質改善事例の**蓄積と共有化** ・体系立てた**集合教育**と**OJT教育の充実** ・質技術マップに基づく**階層別・体系別育成** ・**問題解決などの基礎教育の充実** ・**継続的な人材育成プロセスの明確化**	・質管理技術者**教育体系**の確立 ・教育研修計画の**中長期的な目標**の設定 ・質管理技術者育成に関する**教育・研修カリキュラム** ・教育研修後の**能力評価方法**の確立

第 6 章 質技術の人材育成

```
[入社 5 年までの
  従業員
  OJT 実施評価表]
(従業員が備えなければならない基礎的な能力の水準,
開発計画, 達成度評価など)

[管理職
 自己評価表 A]

[管理職を除く従業員
 自己評価表 B]

自己評価の項目例
◆基本的能力
 ①業務知識(担当業務に必要な系統的業務知識および専門知識とその実践能力)
 ②技術・技能(担当業務・関連業務の遂行に必要な技術・技能の深さならびに広さ)
◆習熟的能力
 ③決断力(組織,仕事の状況や状態を的確に把握し,高い視野から迅速で適切な意思決定ができる,など)
 ④折衝力・渉外力
 ⑤指導力(組織統括力)
◆意欲・態度
 ⑥責任・使命感
 ⑦創意工夫・改善改革・挑戦意欲
◆業務実践度
 ⑧管理監督者としての職務実践度
 ⑨企業・社会への貢献度(TQM 活動を含む)
 ⑩業績・成果
```

中期経営計画年度方針実施計画 / 階層別・分野別教育体系 / フィードバック

上司との面談による能力開発の達成度と能力開発すべき項目の検討

評定票による個人別の改善テーマの登録

教育計画絞込み表による年度教育・訓練の計画立案

教育・訓練の実施と実施状況のフォロー

個人別の教育・訓練履歴 データベース

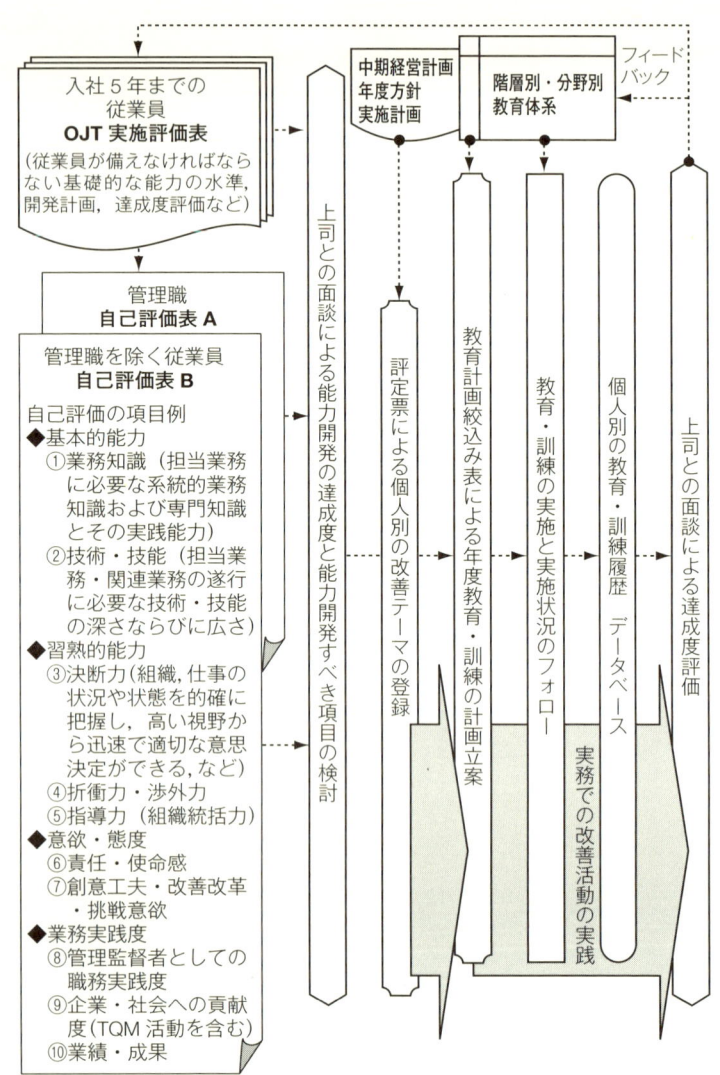

実務での改善活動の実践

上司との面談による達成度評価

図 6.2 個人の能力評価の仕組み

[出典 中條武志, 山田秀編(2006):TQM の基本, 日科技連出版社, p.128]

第7章 質を第一とする人材育成システムの要件

　日本の質管理教育は，日本品質管理学会を中心に，(財)日本科学技術連盟，日本規格協会など多くの教育普及団体によって，世界中のどの国よりも優れた体制を整えている．

　前章まで質管理を実践するために必要な質技術の内容とその分類について，伝承と人材育成の側面からその重要性を述べてきた．本章では，今までの内容を整理するとともに，これからの人材育成をより強化するために必要なシステムを提案する．

7.1 人材育成の体系化の整備

　経営方針に基づいて，質を第一と考える人材を育成するにあたっては，長期的な視野での人材育成戦略の策定とそれを実施する全社的な体系化を必要とする．

　経営理念として企業の中で働く人の大切さが強調され，どのような人材を望んでいるのか，どのような人材を育てたいのかを明確に表現する必要がある．この人材ビジョンを受けて，中期人材計画を設定する．このとき，第5章で述べた質技術を中心にした人材育成計画をも，明確に計画として策定する必要がある．質技術の育成計画には，人事部門と質管理担当部門が一体となって，中期計画か

ら，部門・個人育成まで詳細な計画を立案することが大切である．

図 7.1 は人材育成に対する年間の活動を PDCA のサイクルとして概略を示したものである．特に，"部門・個人ニーズの把握と評価"と"教育カリキュラムと育成計画"のステップは，人材育成管轄部門と育成対象者との十分なすりあわせが必要となる．

人材育成を体系化するためには，経営トップの質意識と全従業員のモチベーションがベースとなり，その育成には教育が重要な役割を担っている（図 7.2 参照）．そのもとで，経営戦略を達成するために人材育成中期計画から年度の評価・反省までの活動を定着させる必要があることを示唆している．

7.2 教育体系の整備

質管理の知識を身につけるために，どのような階層や部門にどのような教育を行うのかを教育体系として明確にしておくべきである．当然，経営トップ層に対する質管理教育の内容と一般社員に対する内容は異なり，スタッフ職とライン職においてもその教育内容は異なる．

各階層，各部門におけるすべての教育を社内で実施することは，一つの理想ではあるが，教育内容や講師を含む各種教育方法において困難な場合もある．日本では，日本品質管理学会，（財）日本科学技術連盟，日本規格協会などが主催する数多くの質管理の専門教育が開催されており，それらのメニューを計画的に受講することによって目的は達成される．社内教育の代表的な例及び社外教育の代

7.2 教育体系の整備

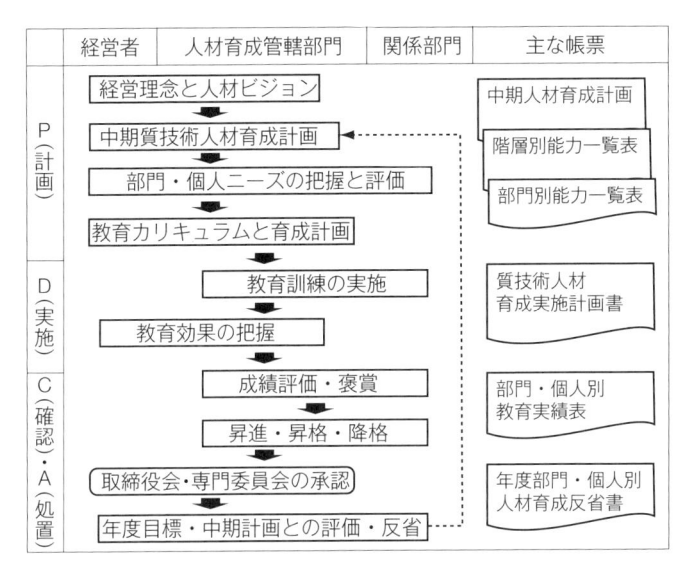

	経営者	人材育成管轄部門	関係部門	主な帳票
P(計画)	経営理念と人材ビジョン → 中期質技術人材育成計画 ←	部門・個人ニーズの把握と評価 → 教育カリキュラムと育成計画		中期人材育成計画／階層別能力一覧表／部門別能力一覧表
D(実施)		教育訓練の実施 → 教育効果の把握		質技術人材育成実施計画書
C(確認)・A(処置)	取締役会・専門委員会の承認 → 年度目標・中期計画との評価・反省	成績評価・褒賞 → 昇進・昇格・降格		部門・個人別教育実績表／年度部門・個人別人材育成反省書

図 7.1　人材育成の体系図

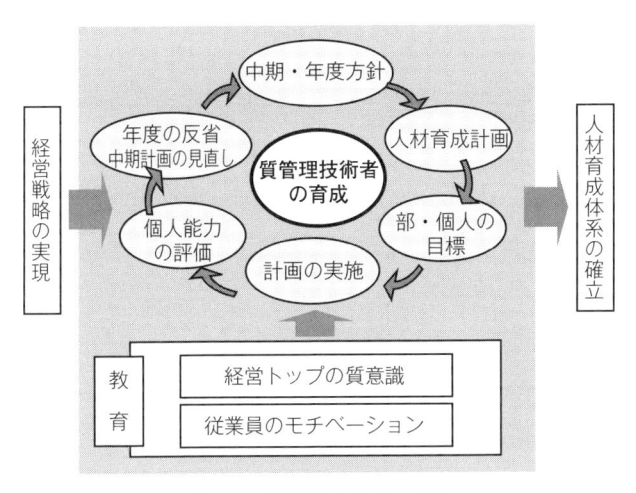

経営戦略の実現 → 【質管理技術者の育成：中期・年度方針 → 人材育成計画 → 部・個人の目標 → 計画の実施 → 個人能力の評価 → 年度の反省・中期計画の見直し】← 教育（経営トップの質意識／従業員のモチベーション） → 人材育成体系の確立

図 7.2　人材育成体系の確立

表的な例は，表 5.1 と表 5.2 を参照されたい．社外教育で特筆すべき教育内容は，"品質管理ベーシックコース"（日本科学技術連盟主催）と"標準化と品質管理コース"（日本規格協会主催）であろう．これら 2 コースは 50 年以上の歴史をもち，1 コース当たり 5〜6 か月間の長期間にわたる，世界でも類を見ない質管理の専門コースである．

また，表 7.1，図 7.3，図 7.4 には階層ごとにどのような教育が必要なのか，その教育内容と教育名称の一例を示す．ここでは，専門スタッフという位置づけで，新製品開発段階での信頼性に関する解析手法，及び研究開発や生産技術段階での改善活動に必要な実験計画法や統計的仮説検定などの高度な統計的解析法を必要とする領域も記述した．

表 7.1　階層別質技術教育内容の例

階層	教育内容（ねらい）	教育名称例
役員	質マネジメント活動のリーダシップ，経営者としての必要な知識・考え方を習得し，**質の重要性**を再認識する	役員研修会
部長 課長	トップ方針に基づく担当部署の課題達成と管理者として必要な**質マネジメントの基本的な知識・考え方**を習得する	部課長研修会
係長	**統計的解析法**を習得し，現場での問題解決が的確に行え，QC サークルを指導できる能力を身につける	統計手法と問題解決セミナー
班長 組長	第一線監督者として，職場において日々発生する**質問題**を解決できる能力を身につける	現場第一線セミナー
一般職	**QC 的モノの見方・考え方**を理解して，QC サークル活動が実践できる能力を身につける	QC サークル実践セミナー
専門 スタッフ	研究・開発や技術者として，新製品開発や新技術開発に必要な**質マネジメント手法**を習得する	新製品開発・信頼性セミナー
	実験計画法や統計的仮説検定の**高度な統計的解析法**を理解し，現場の問題解決支援ができる能力をつける	統計解析専門家育成コース

7.2 教育体系の整備

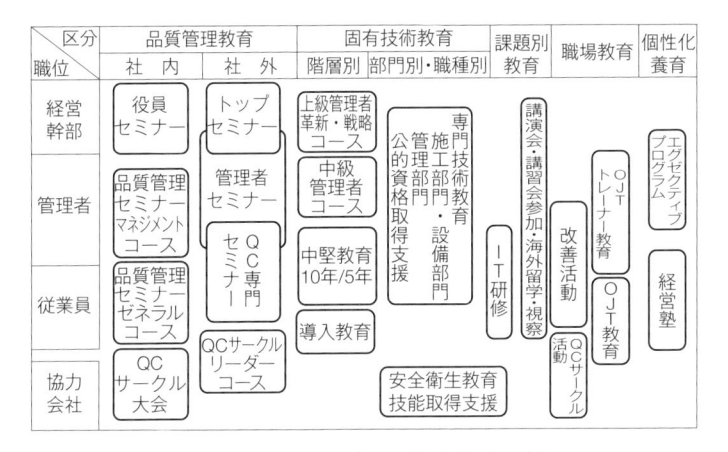

区分\職位	品質管理教育		固有技術教育			課題別教育	職場教育	個性化養育
	社内	社外	階層別	部門別・職種別				
経営幹部	役員セミナー	トップセミナー	上級管理者革新・戦略コース	専門技術教育 施工部門・管理部門・設備部門 公的資格取得支援	講演会・講習会参加・海外留学視察			エグゼクティブプログラム
管理者	品質管理セミナー マネジメントコース	管理者セミナー QC専門セミナー	中級管理者コース			IT研修	OJTトレーナー教育 改善活動	
従業員	品質管理セミナー ゼネラルコース		中堅教育 10年/5年 導入教育				OJT教育 QCサークル活動	経営塾
協力会社	QCサークル大会	QCサークルリーダーコース		安全衛生教育 技能取得支援				

図 7.3 階層別・分野別教育体系の例

[出典 中條武志，山田秀編(2006)：TQM の基本, 日科技連出版社, p.126]

	教育担当部門	
	考え方・基本手法	応用解析手法
課長	課長クラスへの質マネジメント教育	管理者問題解決コース
質管理スタッフ	・質保証体系の運用 ・問題・課題解決コース ・QCサークルリーダコース ・現場指導教育コース	・工程能力分析 ・検定・推定 ・実験計画法 ・多変量解析法 ・信頼性管理 ・品質工学
若手社員	現場で必要なデータ解析手法	・QC七つ道具 ・QC的問題解決法 ・QCサークル教育
新入社員	新入社員QC教育	

図 7.4 階層別質技術教育の体系

7.3 質技術の可視化

　質管理の知識や能力のレベル評価は一般的に困難である．質管理に必要な技術は第3章で述べたようにかなり広範囲の知識を要求している．しかも，その内容は質管理の運営に関するものから，データ解析に必要な統計解析の専門的能力までを必要としている．多くの企業は，これらの知識とその習得レベルを細分化して，個人別に能力の習得状況を一覧表にして，部門及び全社的に比較できる仕組みを構築している．このことによって，部門及び個人は自部門や個人の実力レベルが他部門，他人との比較において確認でき，能力のレベルアップ目標が設定でき，モチベーションや自己研鑽の高揚につなげている．

　日本品質管理学会，(財)日本科学技術連盟，日本規格協会の3団体は，2006年から品質管理(QC)検定と称する質管理に対する知識と能力を客観的に評価する検定制度を導入した．この検定は，質管理に対して高度な専門的知識と能力をもっていると認められる1級から，質管理の基本的な知識と質管理用語を理解しているという4級レベルまでの，4段階で構成されている．このように，質管理に関する知識と能力を客観的に評価できる"見える化"は個人，部門，全社において現在の実力と今後の教育・育成の方向づけにも重要である．表7.2には，品質管理(QC)検定の各級のレベルを，表7.3には4級レベルにおいて，企業活動の基本，質管理の実践，質管理の手法の分野で要求されている内容（用語）を示す．

　表7.4はQC的モノの見方・考え方に対して各自がどの程度の知

識をもっているか,理解しているかを一覧表にして,能力向上の意識づけをねらいとした,星取表と呼ばれているものの一例である.

表 7.2 品質管理(QC)検定のレベル (1〜4級)

(要約)(2008年7月現在)

級	認定する知識と能力レベル
1	組織内で発生する**あらゆる問題**に対して品質管理の側面から解決・改善でき,**指導できるレベル**
2	職場内で発生する品質に関する問題をQC七つ道具等の手法を活用して,**自らが中心になって解決**できるレベル
3	**QC七つ道具の作り方,使い方**はほぼ理解しており,改善の進め方の指導を受ければ問題を分析したり,解決方法を検討できるレベル
4	品質管理の基本や企業活動の基本常識は理解しており,上司や先輩の指示に従って仕事が遂行でき,**品質管理に関する用語の知識を有しているレベル**

表 7.3 品質管理(QC)検定(4級)で必要な質技術

(抜粋)(2008年7月現在)

企業活動の基本	品質管理の実践	品質管理の手法
5S 製品とは 安全とは 三現主義 5ゲン主義 企業生活のマナー ほう・れん・そう 5W1H 規則と標準 職場の管理項目とは	品質第一 事実に基づく管理 後工程はお客様 小集団活動 維持・改善とは 重点志向 PDCA 偶然原因・異常原因 QCD 検査の種類 標準化とは 標準の種類	QC七つ道具 層別とは 異常値とは ロットとは 平均とばらつきの概念 計量値,計数値とは 母集団 サンプリング

表 7.4 QC 的モノの見方・考え方の星取表

区分	担当者	A	B	C	D	E	F	G
総合的な考え方	企業体質の強化	3	3	2	1	3	2	3
	全員参加の経営	3	3					
	教育・普及							
	QC 診断							
	人間性尊重							
統計的な考え方	QC 手法の活用							
	ばらつき管理							
保証の考え方	質第一							
	消費者志向							
	後工程はお客様							
管理の考え方	PDCA のサイクル							
	事実に基づく管理							
	プロセス管理							
	標準化							
	源流管理							
	方針管理							
改善の考え方	重点志向							
	問題解決の手順							
	再発防止，未然防止							

7.4 過去の経験活用から学ぶ仕組みの充実

質管理の技術を習得するためには，上司，先輩，経験者から仕事を通して業務遂行の中で学ぶという OJT は非常に有効である．一般に技術の伝承は様々な方法がとられており，業界や技術内容によって異なる．質管理を全社で推進する場面においても各社様々な方法を採用しているが，その背景には各社の歴史がある．図 7.5 は

7.4 過去の経験活用から学ぶ仕組みの充実

日本古来の技術の伝承に関する人材育成の考え方を示したものである．例えば，20年ごとに神殿を建て替えるという伊勢神宮の式年遷宮という1300年続いている古儀は有名だが，伊勢神宮の神殿等が20年で老朽化するとは考えられない．この儀式は，宮大工の技術の伝承をねらいとした20年であり，20歳で遷宮建築に参加した青年は40歳で中心的技術者となり，60歳で後継者を育成するとい

過去の経験活用から学ぶ仕組みの充実
日本古来の匠とその継承における人材育成システムから学ぶもの

その1　伊勢神宮の式年遷宮
　20年ごとに神殿を建て替える儀式．1300年続いている古儀（1993年で61回目）．わずか20年で建物の寿命がくるとは考えられない
　……**20年という単位は技術の伝承システム**

その2　徒弟制度
　法隆寺の西岡常一棟梁のただ一人の内弟子の宮大工小川三夫氏．"百工あれば百念あり，一つにする器量のないものは自分の不徳を知って棟梁の座を去れ"．技術は人に教わって覚えるものではなく実際にやって覚えるもの
　……**師匠のわざを盗ませる伝承システム**

その3　日本の伝統芸能の稽古事
　師匠に弟子入りして日常生活の空間との距離を不明瞭にしてわざの世界に身をおく
　……**師匠のわざの模倣と自分なりの工夫による伝承システム**

技術の伝承における人材育成システム
① 師弟関係を作るとともに，師匠には**リーダシップ**を発揮させる
② 仕事をしながら師匠のわざを**盗ませる仕組み**を作る
③ 企業としての伝承の**場の設定とシステム**を確立する

技術の伝承から新たな価値創造へ

図 7.5　日本古来の技術の伝承の仕組み

うサイクルを守っていると解釈できる．

質管理に関する多くの知識や技術・技能も，先輩たちの知識と能力を後輩に伝承していく仕組みが必要である．

失敗や成功の事例は何よりも優れた教材である．これら事例を技術の伝承の財産と受けとめて，伝承に役立てるだけでなく技術の革新のヒントとすべきである．また，技術の向上のための全社的な育成システムを確立する．

7.5 モチベーションの高揚

質管理は組織的な活動である．部，課，グループ，チームが一丸となって質を基軸に置いた活動を，それら組織の全員が共通の目的をもって実践していく必要がある．スーパーヒーローも一発ねらいのホームランバッターも必要としない．このように表現すると必ず，自分は均一化された管理組織の中の一員かと誤解されるがそうではない．各自の個性を活かしながら，互いを尊重し，互いの役割を明確にした組織的な活動を意味している．"3本に束ねた矢は折れない"のように，全員が同じベクトルでそれぞれの役割を正しく果たすことの重要性を強調している．このような理解のもとで大切なのは，組織内の個人のモチベーションを高めることである．モチベーションがあって組織の活動が成り立つ．質管理を学ぶ意欲，先輩から学びたい気持ちが重要である．このような環境を醸成するための仕組みの確立を必要とする．

図7.6はモチベーション高揚のために必要な要件を，図7.7は質

7.5 モチベーションの高揚

管理技術を教える側と教わる側の関係について，モチベーション高揚の双方向の関係を図示したものである．また，図 7.8 は個人の目的意識と組織のレベルアップに基づく全員参加の重要性を表現している．

① 社長が社員を**応援**する
　　社員から社長の顔が見えること

② 具体的な**ビジョン**を与える
　　具体的な目標が見えること
　　半年先，1年先の不安がないこと

③ 会社に**夢**を感じさせる
　　夢をもって仕事ができること
　　仕事が楽しいと思えること

⬇

よい会社とは"社員の心が躍っている会社"

図 7.6 モチベーション高揚は経営者の姿勢

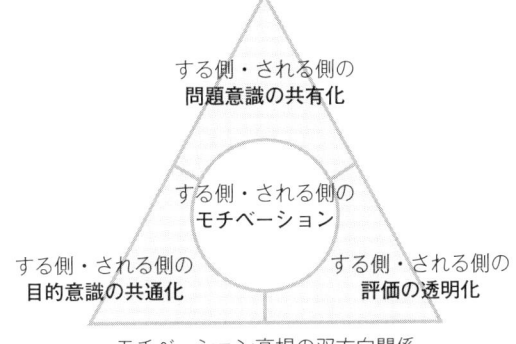

する側・される側の
問題意識の共有化

する側・される側の
モチベーション

する側・される側の
目的意識の共通化

する側・される側の
評価の透明化

モチベーション高揚の双方向関係

図 7.7 組織におけるモチベーション高揚方法

> 全従業員の能力向上を目指した人材育成
> 全従業員に目的意識をもたせる教育体制
> 経営目的と個人目的の融合の仕組み
> 会社のありたい姿と個人のあるべき姿の一体化
> 上司と部下のコミュニケーションの場の設定
> 能力評価の透明性と育成チャンスの公平化

⬇

全従業員と企業との高い一体感

図 7.8　人材育成とモチベーション高揚

7.6　人材育成こそ経営の最重要施策

　企業を取り巻く環境は変化し，市場のニーズや顧客の多様化に伴い経営戦略も絶えず見直しを余儀なくされている．事業の領域の拡大や売上げ目標の達成を目指す企業ミッションの設定は，経営の重要な課題でもある．このようなミッションの達成のためには，環境の変化に適応した経営資源の最適配分が必要であり，その中でも人材の育成と活用はミッション達成のキーワードである．

　最近の雇用形態は変わったといわれるが，我が国では終身雇用制度が大部分を占める．組織から与えられた任務を遂行する人材は，基本的には組織で育てなければならない．ミッションの達成のために外部から有能な人材を採用することを積極的に行っていない企業では，まず社内で必要な人材を育成し，底上げすることから出発する．よい人材が育たなければ，ミッションの遂行が不可能となる．質を第一とするミッションの達成は，質を第一と考える社員が育っ

てこそ可能となる．質管理を正しく理解し，その考えのもとで行動できる人材を計画的に育成することは，ミッションの実現のための必須条件である．

図7.9と図7.10は質技術の伝承と育成について，経営の中長期方針と経営トップの役割の大切さを示したものである．

質管理技術者の育成が最重要と位置づけられる

昨今の多くの企業不祥事は，すべて質管理の不十分さから生まれ出たものといえる．品質立国日本にふさわしい"質技術の伝承と教育体系"の仕組み構築が望まれる．

しかし，伝承すべき質技術が個人技術になってしまうのは避けるべきで，そのためにも質技術の透明性が重要である．文字や言葉で表現することが難しいノウハウを伴う質技術は，継承者自身が伝承の必要性に対する高い意識とその意識を高揚する企業風土の醸成が不可欠である．それにも増して，伝承者の教える能力を支援する教育プログラムの開発を経営方針として，中長期的に取り組むべき姿勢を経営トップ層に強く希望する．

⬇

質管理技術者の育成は社会に対する企業責任

図7.9 質管理技術者の育成は社会責任

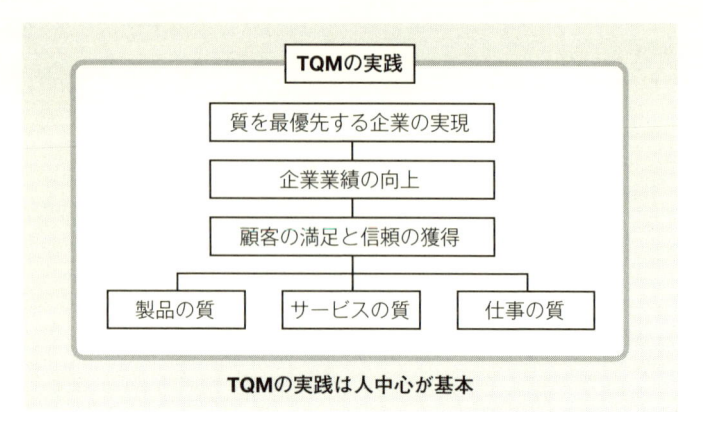

第7章 質を第一とする人材育成システムの要件

```
┌─────────────────────────────────────┐
│         TQMの実践                    │
│                                      │
│      質を最優先する企業の実現         │
│          企業業績の向上               │
│       顧客の満足と信頼の獲得          │
│                                      │
│   製品の質  サービスの質  仕事の質   │
│                                      │
│      TQMの実践は人中心が基本         │
└─────────────────────────────────────┘
```

図 7.10 質を最優先する企業の実現

第8章 QCサークルは人材育成

　QCサークル活動は，日本の質管理の大きな特徴であり，世界各国から評価され，多くの国でも導入，推進されている．人材育成が確実に行えるのは現場である．質教育であれ一般教育であれ，それらの内容が生きてくるのは，現場での訓練があってこそである．教育と訓練は別物と考えるべきである．教育は知識を与え頭では理解できるが，それを実践してはじめて身につくものである．現場で知恵を出し，問題を解決するプロセスがあってこそ人は育つが，このプロセスをOJTの場として活用するには，QCサークルが最高の人材育成の方法論といえる．

　『QCサークルの基本』（QCサークル本部編，日本科学技術連盟発行）では，QCサークル活動について次のように定義している．

QCサークルの基本

QCサークル活動とは

QCサークルは，

　　第一線の職場で働く人々が

　　継続的に製品・サービス・仕事などの質の管理・改善を行う

小グループである．

この小グループは,
> 運営を自主的に行い
> QCの考え方・手法などを活用し
> 創造性を発揮し
> 自己啓発・相互啓発をはかり

活動を進める.

この活動は,
> QCサークルメンバーの能力向上・自己実現
> 明るく活力に満ちた生きがいのある職場づくり
> お客様満足の向上および社会への貢献

をめざす.

経営者・管理者は,
> この活動を企業の体質改善・発展に寄与させるために
> 人材育成・職場活性化の重要な活動として位置づけ
> 自らTQMなどの全社的活動を実践するとともに
> 人間性を尊重し全員参加をめざした指導・支援

を行う.

QCサークル活動の基本理念

人間の能力を発揮し,無限の可能性を引き出す.
人間性を尊重して,生きがいのある明るい職場をつくる.
企業の体質改善・発展に寄与する.

このように，QCサークルは，職場づくりと人づくりを基本としている．サークルメンバ全員が，相互研鑽を通じて多くの知識を身につけ，QCサークル活動によって人材の育成が図られている．QCサークルの一員として，職場の問題解決に取り組むことで，質の重要性を学び，後工程やお客様を常に意識する感覚が身につき，自身の成長と活動の成果によって人づくりが行われていく．

経営者や管理者は，QCサークルへの指導・支援を適切に行わなければならない．QCサークル活動を推進する仕組みを作り，サークルの推進状況を絶えず把握・評価することが重要である．リーダやメンバのよき相談相手となり，適時適切なアドバイスをすることによって，人を育てるという意識を常にもつことが重要である．

QCサークル活動の基本理念の一つに"人間の能力を発揮し，無限の可能性を引き出す"がうたわれているが，この無限の可能性を引き出す活動として，QCサークルは最も適切な活動といえる．人間はだれでも自分自身がもっている能力を十分に発揮し，更なる能力の向上を図りたいという欲求をもっている．サークル活動を通じて，自己啓発や相互啓発を行い，いろいろな問題や課題に取り組むことによって，自分自身の能力が発揮できる．上司や同僚からのアドバイスや励ましを得て，自分でも気づかなかった潜在能力が次から次へと引き出される．QCサークル活動は，自主性を助長し，自ら仕事への改善や創造性を育み，生きがいのある楽しい職場を実現する大きな力となっている．

QCサークル活動は人材育成そのものである．

8.1 QCサークル活動がもつ六つの人材育成要素

QCサークル活動が人材育成の重要な要素として強調されるのは，以下の六つの特徴が内在しているからである．

(1) 職場における問題意識の高揚

問題のない職場はないといわれている．私たちの職場は何も問題はありません，という認識は，職場を知り職場を観察するという基本的なことができていない証拠ともいえる．常に問題意識をもち，自職場に潜んでいる問題を発見するという認識をもたなければならない．

QCサークル活動は，質意識，問題意識，改善意識をその活動プロセスの中で実践的に教育できる特徴をもっている．すなわち，自職場には多くの問題があり，その問題をどのように探すのか，作業や行動の中に何かおかしな状況が起こっていないか疑問をもつことそのものが教育である．自分たちの仕事のやり方を一歩下がって客観的に観察し，もっとよい方法がないか好奇心をもって考え行動すると新しい発見がある．日々の仕事の中には必ず困ったことが起きているはずである．自分たちはうまく仕事をしているつもりでも，後工程では自分たちの仕事の結果のまずさから，困った事態が発生しているかもしれない．QCサークルは，単に与えられた業務を無難にこなすという仕事のやり方ではなく，この考え方でよいのか，この方法でよいのかを振り返りながら，常に問題意識をもって仕事ができる人材を育てる最高の教育手段といえる．

(2) 創意工夫の醸成

仕事の改善や管理の定着に結びつけた独創的な考えや工夫は多くの改善のヒントを与えてくれる．問題意識をもち，問題点を発見し，よく考え，問題解決のための知恵や創意工夫を出すためにもQCサークルは有効な活動である．

すなわち，自分の仕事が好きになり，仕事への興味と楽しさから自分の仕事に誇りをもつことができる．仕事は決して易しくなく失敗の連続であるが，その失敗を恐れずに常にチャレンジ精神をもち続けることが創意工夫を生み出す原動力となる．職場での問題解決にグループとして取り組むプロセスは，お互いの考え方や意見などを積極的に交換し，その結果として斬新な対策案が浮かび上がってくる．

QCサークル活動は，皆が問題意識をもち，よく考えて知恵を出し，創意工夫を醸成する有効な教育手段といえる．

(3) 自己啓発と相互啓発の発揮

自分自身をよく知り，自分のために自分を向上させ，自己の新しい能力を開発し，そのレベルを高めるという働きが自己啓発といえる．自己啓発を高める方法としては，自ら学ぶという自学自習，仕事を通じて学習するというOJT，集合教育などの座学，そしてQCサークル活動を通じた問題解決や交流会・体験発表などが有効である．自己啓発の第一歩は，自分からやる気を引き起こさせることである．決して，周りから強制的に押しつけられるものではない．自らの意志で行動することにより，継続性が可能となり，目標への

達成度が向上する．自己啓発に基づく活動成果から得られる達成感は，何ものにも変えがたい満足感を得ることができる．

一方，相互啓発はサークルやチームによる全員の協力を重視することにより，互いの切磋琢磨を助長し，個人では不可能な相乗効果を生み出す働きをいう．QCサークルなどの小集団活動は，個人では達成不可能なテーマでも互いの意見や考え方を集約することによって，問題解決を可能とする．QCサークルは，サークルメンバの見識と視野を広め個人の能力を高めていくことに大きな効果を発揮する．つまり，QCサークルはそれ自体が相互啓発の場であり，サークル内の会合やサークル間の交流会，体験談発表会などを通じて相互啓発を促している．

QCサークル活動は，自己啓発と相互啓発を醸成する有効な実践的教育手段の場といえる．

(4) 自主性を磨く

自主性は，人が集団の中で一個人としてその存在感を認めてほしいと強く願ったときに芽生えてくるものである．つまり自主性とは，仕事の目的や目標を明確にもちやる気を起こさせることである．その仕事の本質は何であるか，その仕事をどのように進めることが最も適切な結果を生み出すか，さらにその結果をどのように評価するかを自己の責任のもとで考え，行動することといえる．言い換えれば，強制されなくても自ら何をなすべきかの方向を決め，それに基づく行動をとり，その結果に責任をもつ考え方が自主性である．

QCサークルの体験談の発表を聴講するたびに，サークルメンバのやる気と熱意を強く感じる．QCサークルが活発な職場は，活気に満ちたやる気の集団であり，自主性がみなぎっている現場である．このような自主性が芽生えるきっかけは，上司からの励ましの助言やサークル活動に対する信頼感が背景にある．その結果，ますます活発なQCサークル活動が展開され，やる気に満ちた理想的な組織が構築できる．

QCサークル活動は，やる気を起こさせ，自ら積極的に行動するという自主性を磨きあげるのに有効な教育手段といえる．

(5) グループとしての行動

個人が目標に向かってこつこつと努力を積み重ねるには，強い意志と何が何でもやり遂げる強い覚悟が必要である．個人の考えと行動はどうしても楽な方向へと流されてしまう．しかし，個人ではなくグループとして行動をとることにより，互いが励ましあい影響を与えあうことで，あきらめてしまいそうな困難な局面でも何とか乗り越えられることもある．このプロセスで人は成長しているのであり，多くの経験とノウハウを身につけることができる．

つまり，グループのメンバが同じ目標をもち，同じ行動をとることで，個人としての活動の限界から一歩レベルの高い意識と考え方を身につけることになる．このように，グループ活動が個人の成長に結びついたとき，グループとしての威力は無限に発展していくものである．

QCサークル活動は，人の成長に大切なグループで行動し，個人

の成長をチームワークで支えあうという，社会人基礎力の育成に大いに貢献している教育手段といえる．

(6) 全員参加の意識

QCサークル活動の全員参加とは，職場の全員がQCサークルに参加し，一人ひとりが役割を分担し，それぞれの責任を果たすことをいう．全員が参加することにより，大きな効果が期待でき，自信と強いチームワークが結成できる．

すなわち，全員参加はQCサークルの活動の手段ではあるが，活動を活性化させ大きな効果をあげるための目的でもある．つまり，全員がQCサークル活動を通じて同じ目標のもとで，一丸となった一体感のある活動を展開することが可能となる．個人では味わえない組織全体の目標達成感を味わうことができる．

日本の質管理の特徴の一つに，全員参加による活動が取りあげられているが，この全員参加の意味は，経営トップから現場の第一線に至る全構成員が，質第一の考えのもとで，それぞれの役割分担を確実に実践していく組織的活動をいう．

QCサークル活動は，全員の喜びと自信を生み出し，チームワークを大切にする集団的活動であり，全員参加の重要性を認識させる重要な教育手段といえる．

8.2 QCサークルを実践するために必要な要件

QCサークル活動が人材育成に大きく貢献していることはいうまでもない．QCサークル活動を通じた人材育成には，QC的モノの見方・考え方を基本とする知識と行動が必須の条件である．すなわち，"すべての人が"，"すべての部門で"，"すべての階層で"正しい質管理の考え方に基づいて，それぞれの役割を果たさなければならない．

以下に，QC的モノの見方・考え方として重要な9項目を説明する．QCサークル活動は，これら9項目の真の意味を活動の実践を通じて体得できる教育手段といえる．

(1) 質第一

生産やサービスの活動においては，一般にQ (Quality)，C (Cost)，D (Delivery) と表現し，それぞれの重要性が強調されている．ところで，"C"すなわちコスト（製品やサービスを提供するために必要な原価）は，生産者又はサービスを提供する側から見た費用の評価であって，決して消費者やお客様側から見た評価の尺度ではない．すなわち，ある商品を購入しようとする消費者は，その商品がいくらのコストで生産されているのかには関心がなく，いくらで売られているかという価格に興味がある．当然，コストは価格に反映されるという論理は理解できても，消費者の立場は購入時の価格で評価している．また，"D"すなわち納期や数量においても消費者やお客様側の尺度というよりは生産者側の尺度といえるだ

ろう.

一方, "Q" すなわち質は当然のように生産者と消費者両者にとって重要であることから, 両者の共通語といえる. しかも, Qの評価の決定権は消費者やお客様側にある. この考え方は, 消費者志向ともいわれている.

以上のことより, 製品やサービスを提供する活動は, 常に消費者やお客様の立場に立った質を第一に考えた行動が最優先されるべきである. すなわち, 質第一とは"常に消費者の立場に立った質を第一と考え, 使用時において満足され魅力を感じてもらえる製品やサービスを提供することを目的とする経営活動のこと"である.

(2) PDCA サイクル

PDCA サイクルは管理の考え方の基本である. すなわち, "Plan(計画)", "Do(実施)", "Check(確認)", "Act(処置)" という行動は, 我々の日常のすべての仕事を遂行する場面に適用できる. 管理とは仕事の結果がねらいどおりに達成されるための行動を意味するものであるから, この PDCA サイクルを確実に回すことが管理の質を高めることになる.

(3) 重点志向

日常の仕事を進めていく中で, 我々の身の回りには多くの問題がある. しかし, これらの問題を解決していくためには多くの費用や時間, さらには人的な対応が必要となる. このように限られた制約の中で最も効率よく, かつ効果的に改善するためには, すべての問

題を同時に取りあげるより,重要な問題を絞り込み最も効果の期待できるものから順次取り組むべきである.また,取りあげた問題には数多くの原因が影響しているが,それらの原因すべてに手を打つことは不可能であり,また効率的ではない.したがって,多くの原因の中から結果に大きな影響を与えている重要要因を抽出し,その要因に対して徹底的に改善策を展開することが,より大きい成果を期待することができる.言い換えれば,パレートの原則を忠実に実行することで,より早く,より効率的に問題を改善することができる.このような考え方を重点志向という.

(4) プロセス管理

質管理活動は,先にも述べたようによい結果を継続的に出し続けるための仕組みの定着をねらいとしている.そのためには,仕事のやり方を改善し,仕事の結果を確実なものにしていく必要がある.ややもすると,結果を急ぐあまり仕事の手順がおろそかになったり,個人の思い込みによる勝手な判断で行動をとる場合も生じる.このようなとき,一時的に見かけ上,満足のいく結果が得られたとしても,決して長期的にそれらが持続する保証はない.よい結果を継続的に出し続けるためには,よいプロセス,すなわち,よい仕事のやり方が定着しなければならない.このような考え方から結果で管理するのではなく,プロセスで管理するという考え方を重要視するようになった.一般にプロセスという言葉は工程,過程などの意味合いが強いが,もっと広く仕事のやり方やその考え方をも含めてプロセス管理の大切さを強調している.

(5) 後工程はお客様

自分の仕事の結果（アウトプット）は次工程の仕事のインプットとなっているはずである．その次工程の仕事のアウトプットはその次の工程のインプットになっているはずである．このように考えると，自分の仕事の結果は，その後のすべてに大きな影響を与えていることになる．したがって，後工程でよい仕事ができるためにも前工程は後工程の要求を正しく把握する必要がある．"自分は一生懸命に仕事をしている．だから後工程は十分満足してくれているはずである"という考え方は正しくない．一般にそのような考え方を"プロダクトアウト"といい，生産者中心の考え方として好ましくないとされている．それに対して，後工程やお客様の立場に立って，何が要求されているかを理解し，その要求に応える質や仕事の結果を提供していく考え方を"マーケットイン"という．

つまり，自分たちの仕事の評価は後工程が行っているのだという考え方をすべての工程が共有することで，質の高い仕事やその管理が可能となる．

(6) 事実による管理

問題解決を実践するには，過去の経験や知識は重要な要素である．知識や経験なくして的確な対策は打てない．しかし，問題の背景は常に変化しており，過去の状況が今も同じとは限らない．そこで，現象を的確に把握し，真の原因がどこにあるかを正しく追究するためには，抽象的な表現や勘ではなくデータを駆使することが重要となる．事実による管理とは，勘や経験だけに頼るのではなく，

事実を的確に表すデータを多用して判断を誤らない行動をとる管理をいう．そのためにもデータの正しい収集と正しい解析は重要である．

(7) ばらつきの管理

データを解析するとき，そのデータの中心の位置を示す平均値の評価は一般に行われている．データの中心がどこにあるか，どのような値かは重要な評価の基準であり，今後の対策に大きな情報をもたらす．しかし，それ以上にデータのばらつきを把握することは重要である．例えば，ある特性に対して両側規格が与えられているとき，工程で作られる特性を規格の中心に調整することはそれほど困難なことはない．しかし，特性のばらつきが両側規格を外れるとき，そのばらつきを小さくして規格内に収めることは，平均値を移動させるよりはるかに困難である．

ばらつきの小さい特性は質が安定した状態であると判定できる．このような質が作り込める工程を確立することが理想である．後工程や消費者の立場においても，ばらつきの小さい安定した特性を期待している．このように，特性のばらつきを小さくした安定した製品やサービスを追求する考え方をばらつきの管理という．

(8) 再発防止

仕事の失敗，ラインにおける不良の発生，市場からのクレームなど，日常の業務における問題は，いつでもどこからでも発生する可能性がある．トラブルは発生させないことが理想ではあるが，現実

は仕事の環境が変化したり,不注意や設備の故障などによりやむを得ず発生する.トラブルが発生すれば手直しや不具合品を除去しなければならない.ここで注意すべきことは,発見した不良品の手直しや仕事のやり直しを行うことが管理なのではない.それらの原因となっている作業標準や作業方法などを見直して,二度と同じトラブルが発生しない対策を実施することが管理である.すなわち,トラブルが発生したとき工程や仕事のやり方を調査し,その原因を取り除き,二度と同じ原因でトラブルが発生しないような対策を仕事のやり方(システム)として対策を実施することである.当然,問題が発生したときは,速やかにその被害を最小限にくいとめるための応急対策も重要である.

(9) 標準化

標準化とは,仕事のやり方について現在の技術レベルで最良の結果が保証される仕組みを基準化し,その仕組みを運営する活動を意味する.当然仕組みの中には,製品の規格や設計方法,製造方法なども含まれる.

ここで大切なのは,標準化することによって最良の結果が保証される仕組みを構築することである.単なるマニュアルではない.QC的問題解決の手順,あるいはQCストーリと呼ばれている改善活動のステップにおいて,標準化は目標に対する達成が確認された次のステップとして位置づけられている.すなわち,標準化は改善活動を前提条件としている.

以上，QC 的モノの見方・考え方として 9 項目を説明したが，これらの考え方を正しく理解し，実践できる人材を育成するためにも QC サークルは最良の活動といえる．

第9章　問題解決の実践こそ人材育成の本質

3.1節(3)で問題・課題解決に必要な技術を記述した．そこで，問題を"あるべき姿と現状との差"と定義し，問題解決の能力は基本技術と位置づけた．本章では，さらに詳細に問題解決を進めるために必要な能力についてその本質を述べる．

9.1　問題の分類を認識する

問題はその存在を明らかにし，解決しなければならないが，その解決のアプローチは画一化することはできない．問題の発生状況や内容により，その解決の手順は自ずと異なってくる．

どのような背景から問題が発生するのか，取りあげた問題をどのようなアプローチで解決するのかの視点で問題を分類すると，次の二つに分けられる．

(1) 問題を抽出する立場での分類

① 顕在する問題

② 潜在する問題

この二つは言葉そのものであり，現在既に発生している問題と，いつかは発生するが現時点では隠されている問題としての区分である．すなわち，①は，既に，あるべき姿と現状との比較がなされて

いる状態であり，現実に目標や規格に対して明らかに異常な状態を示している場面を意味している．このような問題に対しては，その問題の発生原因の特定化と対策のスピードが重要な能力となり，問題解決の手法の熟知と製造現場での数多くの経験によって培われる．

②は，あるべき姿と現状のいずれか一方，又は両方が不明確でその比較がなされていない状態を意味している．すなわち，現状の評価方法では問題が隠されており目には見えないが，この状態を続けるといずれは問題が発生する場面をいう．例えば，材料の強度が経時変化を受けるとき，その劣化速度を把握していないか，気づいてないとき，今は問題が起こっていないが，時間が経てば強度不足の問題が発生するという場合である．この問題に対しては，使用条件や修理方法，さらには廃棄に至るまでのすべての後工程において発生する問題の予測技術が重要となる．開発や設計段階でのトラブル未然防止としてのFMEAやFTAなどの解析ツールを活用する技術が重要となる．

(2) 問題を解決するアプローチの立場での分類

① 改善する問題
② 創造する問題

この二つの違いは，①はQC的問題解決の手順を標準とする解決アプローチであり，②は解析者の独創的発想や将来の変化を先取りする知見などを重視するアプローチの区分である．前者を"分析型アプローチ"又は"問題解決型アプローチ"，後者を"設計型アプローチ"又は"課題達成型アプローチ"と表現することもある．

9.1 問題の分類を認識する

　一般に，質や業務に関する改善活動は，大別して"問題"と"課題"の二つに分けて取り組むことが多い．

　問題解決とは，日常で実施している業務の中から発生するトラブルを解決して，あるべき姿と現状とのギャップを埋める活動をいい，本来のあるべき姿へ修正する行為のことである．

　課題達成とは，現在の業務の実施状況にこだわりなく，将来ありたい姿を目指して今までとは違った発想やアイデアのもとで新しい仕事のやり方を創造し，改善していく活動をいう．図 9.1 にそのイメージを示す．

　いずれにしても部門内の日常管理やプロジェクトあるいはチーム活動を通して，上司や先輩からの指導を受けながら，これらの活動の進め方を身につけていく必要がある．質を第一と考える人材を育成するためには，これら二つの問題解決の実力を習得しておく必要がる．(財)日本科学技術連盟や日本規格協会などの団体では，問題解決型や課題達成型の基本的考え方や実践の事例紹介などを多く取り入れた教育セミナーを提供している．

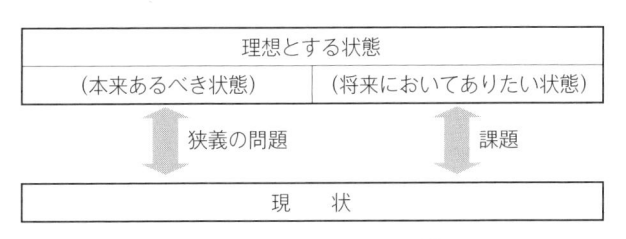

理想とする状態	
(本来あるべき状態)	(将来においてありたい状態)
⇕ 狭義の問題	⇕ 課題
現　状	

図 9.1 問題と課題の関係

9.2 問題解決の手順をマスターする

問題解決を実践する力とは,新しい情報に基づいて,真の原因をつかまえ迅速に行動を展開し,発生している問題を解決していく能力のことをいう.この能力を身につけるためには,問題を解決するための基本的な手順を熟知しておかなければならない.将棋や碁を学ぶときは,必ず定石を基本としてマスターする必要があるように,質を改善するときも,その取組み方の基本が存在する.問題解決を効果的に実践する方法として確立されたのが,問題解決の手順である.

問題解決の手順には,前節で述べた問題解決型と課題達成型がある.問題解決型の手順は,改善活動が基本である.経営活動上において生じる種々の問題の多くはこの手順で解決される.課題達成型の手順は,企業の中長期的な経営課題を達成していくうえでの問題,すなわち,新規事業計画,新市場開拓,新製品開発,新技術開発などの場面に適した手順といえるだろう.すなわち,現状の悪さ加減を改善するというより,独創的な発想や将来に対する予測の精度を重視した問題解決のステップといえる.

これら二つの考え方と手順の使い分けをしっかりと理解して,最適なアプローチを選定することが重要である.

問題解決型の手順は一般に次の七つのステップをいう.

① テーマの選定
② 現状の把握と目標の設定
③ 活動計画の作成

④ 要因の解析
⑤ 対策の検討と実施
⑥ 効果の確認
⑦ 標準化と管理の定着

また，課題達成型の手順は，次のような七つのステップをいう．

① テーマの選定
② 攻め所と目標の設定
③ 方策の立案
④ 成功シナリオの追究
⑤ 成功シナリオの実施
⑥ 効果の確認
⑦ 標準化と管理の定着

この課題達成型は科学，芸術及び経営に対する問題解決として表現されている次の四つのステップと類似するものである．

① 戦略的意思決定
② 部分的無知に対する代替案の作成
③ 代替案をそれぞれの貢献度によって評価
④ 実行に移すために，一つ又はそれ以上の代替案を選定

9.3 問題解決実践力の評価ポイント

解決しなければならない問題は，どのような方法で解決しようとも結果として問題をつぶし，改善効果が得られればよいのだが，今までにも述べてきたように，問題の発見からその解決までの一連の

活動を体系的に実施するプロセスがしっかりしていなければならない．

すなわち

- 取りあげたテーマの選定理由，管理特性及び目標が明らかであること
- 統計的手法を正しく理解し，活用し，解析することにより真の原因を把握すること
- 解析結果が，理論的，経験的立場で十分に納得できること
- 対策案が十分に吟味され，創意工夫がなされていること
- 効果が持続するために，標準化を中心として管理の定着化が図られていること

などが解析者にとって重要な要件となる．

ここでは，上述の活動プロセスのポイントをもとに，問題解決が真の問題解決になっているかどうかを評価する方法について述べる．

問題解決の実践を評価する方法について記述された書物は少ない．本書では，この実践の実力を"問題解決実践力"と呼び，その実力評価の方法を記述する．

問題解決実践力の評価は，TQM 活動の全評価の一環として行うほうがよい．この評価は，部門内の方針及び日常管理上の改善活動に対する問題解決実践力の評価と，特別テーマをもったプロジェクトに対する問題解決実践力の評価とに大別して実施する．

企業内の全階層の，それぞれの役割に応じた問題解決実践力の評価は，単なる一事例の活動の成果評価とは異なり，企業が永続的に

発展していくための実力を把握するためのものである．

ここでは，問題解決実践力の評価を次の8項目にまとめる．

(1) 問題点把握力

まずは，問題点を正しく把握することから出発する．このとき，方針，規格，過去及び他社との比較から問題点を見つけ出す力が必要である．すなわち，あるべき姿と現状の差異を明確に把握する問題発見力が重要なポイントとなる．また，その問題は自部門内での問題だけでなく，関連部門や後工程に対して悪影響を与えている視点から発見することが大切である．

このように問題の重要性の理解をもとに，挑戦的なテーマを設定しているかどうかが評価の対象となる．

(2) 現状分析力

現状分析という活動内容は，当然，要因解析とは異なる．現状分析は，あるべき姿と現状のギャップをできるだけ数値で表現することが望ましい．数値で表せる特性（目標への達成度を評価する尺度）を明確にして，悪さ加減が具体的に表現されているかどうかがポイントとなる．

現状分析は，過去からの変化の状況を時系列的に分析し，人別，機械別，場所別，方法別などの層別が的確に行われ，問題の所在を明らかにすることが大切である．

このときパレート図，ヒストグラム，散布図，管理図などの基本的なデータのまとめ方を有効に活用することが望まれる．

一般に，我々は平均値でものを見る習慣が多いが，より大切なのはデータのばらつきに注目し，その大きさを把握することである．

(3) 目標設定能力

目標とは，改善の効果がどの水準まで達成されなければならないかを示す尺度である．目標は改善活動の到達レベルとなるため，その値は慎重に設定しなければならない．

選択された特性値に対して，到達レベルをどのような値に設定するかは特性値の性質にもよる．クレーム件数や不良率などのようにあってはならない特性に対しては，限りなくゼロを目指した目標を設定すべきだが，それも現状の実力により適切な値が目標となる．あるいは，特性によっては，現状値を少しでも低減させる目標値（逆に少しでも増加させる目標値）もある．いずれの場合も，現在の解析力，技術力などを総合的に評価し，どのような水準を目標とすべきかを十分に検討する必要がある．

同時に，他部門の実態や他社のレベルを調査・分析するとともに，いったん設定した目標値を関係者全員に周知徹底させ，同意を得ることも大切である．

(4) 解析力

問題解決の中で最も重要な手順は，要因の解析である．要因解析が不十分だと対策案が抽出できない．あの手この手を駆使しても，真の原因を絞り込む対策になっていなければ時間的にも経済的にも無駄である．

解析力とは，いかに有効なデータを収集し，そのデータを適切に解析し，対策に結びつく重要な知見を導き出せるかの能力をいう．そのためには統計解析手法を十分に理解しておく必要がある．平均とばらつきの変化を統計的な感覚で正しく判断できる素養を身につけることが大切である．同時に，真の原因を追究するためには，固有技術や過去の経験を活かし，重点志向のもとで原因と結果のつながりを明確にすることも重要である．

(5) 対策案設定力

前述の要因解析で真の原因を突き止めてはじめて対策案が抽出できる．対策案は案であって確実に実施する対策というわけではない．実施すべき対策は，その実現性や効果の大きさなどが検討されなければならない．当然，よい対策にはよいアイデアが必要である．どうすれば問題が解決されるのか，過去の実施内容にとらわれずに，斬新な発想とアイデアを検討すべきである．

個人の知恵と努力に頼らず，できるだけ多くの人たちの意見を集約し，対策案を絞り込んで着実に実行する努力が必要である．効果が期待でき，かつ実現可能な対策を抽出する実力が要求される．

(6) 効果確認力

対策前後において，問題となっている特性がどれくらい改善されたかを正しく把握するとともに，目標への達成度を確認することが大切である．このとき，目標値として設定した特性以外の副次的な効果についても調査しておく．改善による効果は，パレート図や管

理図等の手法でその効果の大きさを比較しやすいように表現する．改善活動の効果を目標との比較において正しく把握することは，残された問題など次につながる重要な評価の方法でもある．

(7) 標準化力

得られた効果が維持されるように歯止めを行う．すなわち，好ましい状態が引き続き得られるように管理の定着を工夫するものである．標準化とは，単にだれでもが同じ結果が得られる状態を意味するのではなく，その状態が最良の結果であることが保証されていなければならない．そのためには，必ず改善活動を実施することが前提となる．

従来の仕事の仕組みや標準類を改訂し，新しい管理項目，管理水準の制定などを行う．改訂されたQC工程表や検査基準書等の管理方法は関連部署等に伝達し周知徹底を図る必要がある．さらに，これらの標準類に基づく作業者等への教育・訓練も実施すること．

(8) 計画立案力

目標設定時に決めた活動期間で，どのように推進していくのか活動計画書を具体的に作成する．"だれが"，"何を"，"いつまでに"を計画の中で明らかにし，協力体制と各自の役割分担を明確にする．

活動初期に立案した計画どおり進捗しているかどうかを定期的にチェックし，遅れている場合は応援を依頼するなど計画の修正を行う必要がある．

活動が完了すると，活動経過をQCストーリとして報告書にまとめるが，このとき，全体のつながりをわかりやすく，要領よく表現すること．

最後に，今回の活動の反省を全員で行い，残された問題を整理して次の取組み課題を明らかにしておくことが大切である．

9.4 問題解決の実践に必要な能力

問題解決の効果的・効率的な進め方が集合教育やOJTにより，身についたかどうかは表3.1で問題・課題解決の必要な技術として記述した．ここでは，重複する部分もあるがそれらを問題解決実践能力という視点から，質管理技術者に必要な評価項目を表9.1に示す．

以上の問題解決実践能力を個人別，組織別に評価し，今後の人材育成の教育プログラムとして構成することを勧める．

9.5 QC手法のうまい使い方

問題を解決するためには，QC手法を適切に使う必要がある．QC手法は問題解決のために非常に重要な役割をもっていることはいうまでもない．しかし，真に有効なQC手法の活用がなされているかどうかは疑問がある．ややもすると手法を使うための手法の適用になっている解析事例も多く見受けられる．QC手法のうまい使い方とは，その解析結果から固有技術や管理技術へ反映されるこ

表 9.1 問題解決実践力の評価項目

1. 問題点把握力	1. 問題点発見力 2. 重要度の理解力 3. 問題点表現力 4. 挑戦的テーマ設定力 5. 方針からの反映力 6. 後工程に対する意識力		5. 対策案設定力	1. アイデア力 2. 斬新な発想力 3. 対策案抽出力 4. 衆知結集力 5. 対策の具体性力 6. 対策実行力 7. 実現性・経済性評価力
2. 現状分析力	1. 管理特性の選択力 2. データ表現力 3. 過去との比較力 4. 規格・仕様との比較力 5. データ層別力 6. 悪さ加減の記述力 7. バラツキの注目力		6. 効果確認力	1. 対策前後の比較力 2. 目標との比較力 3. 効果の表現力 4. 副次効果の把握力 5. 無形効果の把握力
3. 目標設定力	1. 目標特性の選択力 2. 他部門・他社の把握力 3. 目標レベルの設定力 4. 関係者との同意力 5. 活動期間の適正力		7. 標準化力	1. 歯止め力 2. 標準書類の改訂力 3. 効果維持確認力 4. 関係部署伝達力 5. 仕事のしくみへの反映力 6. 新管理方法の教育実践力 7. 技術の蓄積力
4. 解析力	1. データ収集力 2. データの層別力 3. 事実の観察力 4. 他社情報収集力 5. 重点指向力 6. 手法適用力 7. 解析手法の知識力 8. 統計的有意性の知見力 9. 固有技術との対応力		8. 計画立案力	1. 活動計画書の具体例力 2. チームワーク力 3. 協力体制依頼力 4. 計画と実行の対比力 5. 過去の事例引用力 6. 改善活動報告力 7. 次期取組み意欲力

[出典 岩崎日出男(1991)：TQC活動における問題解決の重要性, 品質月刊テキスト218, p.37, 日本科学技術連盟, 日本規格協会]

とをいう．言い換えれば，解析結果が技術的立場から十分に検討され，その結論が論理性をもっていることを検証しなければならない．

そこで，QC手法が有効に活用されているということは，次の要

件を満たしていることが必要である．

① 解析に用いられている手法の種類が適切であること
② データの性質に合った使い方になっていること
③ 得られた統計量を正しく解釈していること
④ 解析の手順に論理性があること
⑤ 統計的に客観性をもたせた結論を出していること
⑥ 解析結果に技術的な考察を行っていること
⑦ 解析結果から今後の管理のために有効な仕組みを提案していること
⑧ 測定誤差の評価から計測技術の検討を行っていること
⑨ 解析結果から新たに得られた技術的知見を把握していること
⑩ 今後の実験計画と解析手法の拡張へ反映していること

今日，ほとんどの解析手法に対して有効な解析ソフトが開発されている．膨大なデータ量に対しても容易に解析結果を得ることができる．これらの解析ソフトを使用すれば瞬時に結果を得ることができる．これほど便利なことはない．そこで，これら解析ソフトを有効に正しく使用するためにも上述した10項目に十分に配慮すべきである．

QC手法をうまく適用する場面として次の五つが考えられる．

(1) 固有技術を伸ばすのにQC手法は役立つ

技術を高めるためにQC手法が有効に活用されたケースは数多くある．例えば，金型製作における加工技術向上のために加工機の回

転数,送り速度,送りピッチ,加工部位などについて実験計画法を適用し最適加工条件を設定した例,電子部品の複数の特性値間にトレードオフの関係が存在するときの逆イェーツ(特性を最適にするための条件を決める手法)の適用による製造技術を確立した例,オフィスチェアの座り心地に関する官能特性の多変量解析と人間工学的アプローチとの整合を図った例など,列挙すればきりがない.

QC手法のうまい適用は技術を高め新製品の開発,生産条件などの効率的な確立に大きく寄与することは疑いの余地はない.

固有技術のレベルアップを図るための問題解決プロセスにおけるQC手法の役割は,固有技術の仮説の構築に対する基礎情報の提供とその検証である.次の項目においてQC手法の適用の場がある.

① 固有技術に有効な情報を引き出すためにデータの収集の仕方,データ加工の仕方及びその解析結果を集約し,新しい知識を効率的に獲得する手段として役立つ.

② 固有技術をもとにした普遍性のある因果モデルの導出手段として役立つ.

③ 新技術開発などの未知への挑戦において技術的考察を補強する手段として役立つ.

④ 簡便で理にかなう予測,制御モデルを構築する手段として役立つ.

⑤ 複雑な因果関係を整理し,意味のある構造を見つけ出す手段として役立つ.

(2) ネック技術の解決に QC 手法は役に立つ

　新市場や競合他社より優位性のある新製品の開発を行う場合，必ず技術開発上の問題が生じる．いくつかの技術的問題は，固有技術だけで解決される場合もあるだろうが，多くの問題は必ずしも固有技術だけでは解決できない．技術が高度化してきている現在，特性に影響を及ぼす原因はより一層複雑化してきている．要因効果の判断に QC 手法は必須となってきている．ノウハウでは駄目で論理性のある技術の確立が必要なのである．

　新製品開発においてネック技術が顕在化されず，かつ未解決の場合は個人のスキルに依存した設計技術になっている場合が多い．ネック技術解決のプロセスを確立するために品質表及びその関連資料の整備や設計マニュアルの作成は創造的設計を可能にし，管理技術の確立に役立つ．このプロセスで，特性要因図，系統図，PDPC 法などは有効な QC 手法といえる．また，重要要因の絞り込みに基づき，検定・推定，実験計画法，多変量解析なども固有技術を高める有効な手段として活用される．

(3) 解決策の裏づけに QC 手法は役に立つ

　固有技術及び管理技術に対して最良の方策を実施したからといって，総括的に真に最適であるとはいえない．解決すべき問題の周辺に対しても最良な方策でなければならない．例えば，高出力エンジンの技術開発ができても燃費や排ガス，あるいは足回り，コーナリングなどの周辺技術が確立しないかぎり，最良な技術とはいえない．また，限られた制約条件の中で，最適解が一意的に決まるとして

も，その理論性が立証されないと採用されない技術もある．このような状態に対しても，QC手法は有効な手段となる．

(4) 物理的性質の解明にQC手法は役に立つ

　物理的，化学的特性を理論的に把握することは，技術的問題を解決するために最も重要な検討事項である．はんだ付けの技術が開発されたのはずいぶん昔になるのだろうが，現在でも電子回路表面実装基板の不良の多くははんだ付けによるものである．製品形状の高密度化による高技術対応の難しさもあるだろうが，基本的には物理的，化学的性質の真の解明に問題があると思われる．同様に，高感度特性バイメタルも素材に対する物理的解明が十分でないため，全数選別及び調整作業を余儀なくされている．このような場合においても物理的，化学的特性の解明にQC手法が役立つと確信している．

　例えば，ステンレス鋼のヒート圧延工程での割れ現象が不純物Pb（鉛）の含有量であることを究明し，圧延温度との関係において判別分析の適用から割れ領域を求め，標準温度を設定したり，高温変形能特性の影響を固有技術の立場から解明するために，要因配置実験などのQC手法を適用することで，固有技術的見地から圧延組織の物理的性質を見事に解明している事例もある．

(5) 技術の共有化にQC手法は役に立つ

　各個人がもてるノウハウのキャパシティには限界があり，当然ノウハウの共有が必要となるが，このとき共有すべきノウハウの論理

9.5 QC手法のうまい使い方

性が問題となる．技術者は決して他人のノウハウをそのまま流用しない．必ず自分でそのことを納得いくまで確認しようとする．このための時間とコストが大変なのである．習得したノウハウをノウハウで終わらせずに，論理性をもたせた技術へ置き換えれば技術の共有化が図られ開発効率の向上が期待される．

論理性をもった技術とは結果と原因の明確性，特性と要因の科学的な定式化の確率を意味する．したがって，そこには統計的な裏づけを必要とする．その意味でQC手法は技術の共有化のためになくてはならない重要な手段である．

固有技術とのやりとりで相対的な技術の練磨を促すことで，単なる質不良対策ではなく，論理的アプローチにより技術者自身のもつ知見を引き出し，固有技術のレベルアップを図ることが重要である．

既に述べた問題解決型アプローチや課題達成型アプローチのいずれにおいても，その方法論は技術者の個人レベルへブレークダウンされ科学的な定式化を企業の財産として残し，技術の伝承を図る必要がある．

第10章 人材育成の企業事例

本章では，質を第一とする人材育成の実践事例として，(株)ジーシーとコニカミノルタグループの活動を紹介する．

事例1 (株)ジーシー
――なかまのパワーアップで人材を育てる

(株)ジーシーは，1921年に設立された歯科医療用材料・器材のトップメーカである．1967年に質管理方式を導入し，創業時からの普遍的社是"施無畏"（社外に対しては相手の立場に立ってすべてを行い，社内にあっては個我を離れて，お互いに敬愛するなかまの集団）を基本としてジーシー独自のGQM（TQM）宣言を行った．その後，今日に至るまでジーシーの経営の根幹を支える経営手法の柱としてGQMの推進をグループ企業を含めたグループワイドで展開し，現在はTQMのよさを広く歯科業界へと拡大している．2000年にデミング賞（D賞）を受賞し，2004年には日本品質管理賞（N賞）を受賞した．また，グループ企業の(株)ジーシーデンタルプロダクツが2003年にD賞，2006年にN賞を受賞した．

2010年ビジョン"世界一の歯科企業になる"を掲げ，全社員への徹底を図り推進していくために，七つの大きな活動ポイントを挙

げている．2000年のD賞受賞時は，このビジョンの方向性がまだ緒についたばかりであったが，2004年のN賞受賞時には実りのあるものへと近づいた．この成果は，社長の強いリーダシップと"なかま"全員の力の集結とがシンクロナイズされ，地道で継続的なGQMの推進の賜物と思われる．

GQM 七つの特徴

① GQMを経営管理手法の核としたビジョン経営の推進

② "世界最適地"志向を基本としたグローバル戦略の展開

③ "世界No.1製品"作りと新規分野への進出を実現する製品戦略

④ お客様のニーズを満たした"質"を作り込む生産力の実現

⑤ "作る人，売る人，使う人"の役割分担を徹底した営業戦略の展開

⑥ ITを活用したデジタル経営による業務の質の向上

⑦ "ひと"こそが企業の力の源泉とする"なかま"の会社

上記の特徴のうち，⑦の"なかま"のパワーアップを目指した人材育成に対する活動を紹介する．

2010年ビジョンと長期経営計画を掲げ，使命・戦略・戦術を展開するとともに"なかま"一人ひとりが目的意識をもった行動をとることをねらいに"私のビジョン，私のミッション"を作成し，会社のありたい姿と私のあるべき姿の一体化を目指している．つまり

D賞受賞後，必要能力に合致した教育プログラムの充実による個人能力の向上，及び人事制度の改善による"なかま"の活性化，人間性を重視した"なかま"づくりによるモラールの向上・活動の重点として，"品質を第一とした人材育成"を積極的に図っている．すなわち，全従業員が顧客担当アソシエイトとしてお客様との接点を大切にして仕事を進めている．

社是"施無畏"の実践を目的に，階層別教育・部門別教育に加え，質管理の基本を学び，一人ひとりの能力の向上を最優先とした人材育成を実践してきている．そのための活動内容は，上司とのコミュニケーションを重視し，人材活性化のために必要な個人面談・人事評価シート作成などを通じ，社員満足度の向上を目指した多くの具体的な活動を展開している．

(1) "なかま"のパワーアップを目指した人材育成

D賞受審時は，教育ニーズの把握が十分でなく，"なかま"一人ひとりに本当に必要な教育が不足していた．また，評価の公平性・透明性に関して不満が残る状況であったし，全員にアンケート形式で調査をしている社員満足度，福利厚生についても十分な改善がなされているとはいえなかった．

D賞受賞後は，人材育成を"教育"，"評価"，"モラール向上"の三つの観点から，活動に取り組んできた．教育に関しては，階層別・部門別"スキル一覧表"を作成し，教育必要事項を明確にして教育実施事項を決定した．実施に際しては，E-ラーニングを取り入れた"デンタルカレッジ"，社長参画による"選抜管理者教育"

などを実施した．また，"GC統計解析コース"の実施や"ロバストパラメータデザイン"の研究により，統計的手法活用レベルの向上を図ってきた．

評価に関しては，評価項目以外での成果をアピールするための自己申告欄を設けた"人事評価シート"，評価に関する記入欄を充実させた"個人面談票"を活用し，上司から評価についての適切な説明がなされ，評価の公平性・透明性が向上した．

モラール向上に関しては，"社員満足度調査"，"福利厚生評価シート"の二つのアンケートの解析から，重要要因を特定し，効果的な対策を実施してきた．

その結果，個人能力の向上を目指した教育の実施，社員の活性化を目指した成果主義の確立，アンケートの解析をもとにしたモラール向上策が実施され，"なかま"のパワーアップを目指した人材育成ができるようになった．

N賞受賞後は，"会社VISION"を共有し"なかま"一人ひとりが目的意識をもった行動をとることを目的に"私のVISION・私のMISSION"を作成し人材育成に活用している．また，"なかま"として共通の価値観を醸成し，ジーシーの社是である"施無畏"の実践を目的に，階層別スキル・部門別スキルに加え"BASICスキル"を制定し，選抜管理者教育から始め役員・部門長・管理職に"BASICスキル研修"を展開している．この研修により社是"施無畏"の実践の浸透を図っている．

事例1 （株）ジーシー

> **基本的な考え**
> 社是・経営理念をもとにした，教育基本方針の徹底による人材育成を図る．

(2) 活動の経過
活動の重点に基づく活動の経過を表10.1に示す．

(3) 人材育成の仕組み
人材育成の体系と主な帳票類を図10.1に示す．

(4) 活動内容
表10.1の活動内容を詳述すると，次のとおりである．

① 必要能力に合致した教育プログラムの充実による個人能力の向上

② 人事制度改善による"なかま"の活性化

③ 人間性を重視した"なかま"づくりによるモラールの向上

①についてD賞受審時は，教育ニーズの把握が十分とはいえず，現状に必要な教育（必要能力に合致した教育）が不足していた．

D賞受賞後は，階層別・部門別それぞれに"スキル一覧表"を作成し，教育必要事項を階層別に明確にした教育実施事項を決定した．階層別教育としてリーダシップには欠かせない"ビジネスコーチング"研修の導入，専門教育ではE-ラーニングを取り入れた"デンタルカレッジ"，社長参画による"選抜管理者教育"，そ

表 10.1　人材育成の活動経過

年	〜2001	2002	2003	2004
ねらい	・選抜教育の実施と定着によるコア人材の育成	・積極的なローテーション人事の実施による人材の活性化	・成果主義の徹底と個人面談の改善・実施による"なかま"のモラール向上	・変化に対応した研修プログラムの実施と、成績評価を活用した人材の育成
主な実施事項	・戦略製品開発者，外部講師による「**デンタルカレッジ DR 教育の効果**」 ・「**選抜管理職者フォロー教育**」実施によるワーストシナリオ	・「**英語力強化メンバー**」選出によるグローバルな人材育成 ・「**技術系 SQC アドバイザー**」認定による KI 活動の推進 ・「**修理技術資格認定教育**」の定着による資格取得者の増加	・「**教育研修体系図**」作成による教育実施事項の明確化 ・「**E-ラーニング**」導入検討と実施によるデンタルカレッジ教育の充実 ・「**テクノセンター**」によるデジタル関連技術講習の強化	・「**スキル一覧表**」作成による必須教育事項の明確化と実施 ・「**デンタルカレッジ**」による発売前重点新製品知識の標準化 ・「**中尾塾**」による選抜管理者教育の充実
	・「**HRM システム**」導入による成果主義の実施 ・「**昇格論文**」導入による昇格基準の明確化	・「**HRM システムの GCDP への導入**」による GC グループへの展開 ・「**個人面談票**」の再説明による面談実施率の向上	・「**個人面談年2回実施**」による人事評価の納得性向上 ・「**管理職年俸制導入**」による成果主義の拡大	・「**方針と人事評価目標との連携強化**」による業績主義の定着 ・「**人事評価シート改正**」による評価精度向上
	・社員の希望を反映した「**カフェテリアプラン**」実施 ・「**福利厚生評価シート**」アンケート実施による社員の意見・要望の収集	・「**80年史**」作成による DNA の確認 ・「**ノーツ掲示**」による社内届出書類の標準化	・「**AB カウンセリングセンターとの提携**」によるメンタルヘルスの向上 ・「**自己啓発型カフェテリアプランメニュー追加**」による活用促進	・「**職場懇談会**」完全実施によるアクションプランの明確化 ・「**社員満足度調査**」重要因に対する重点対策の実施
効果	・HRM システム導入により成果主義を開始できた．	・各部門の技術研修（デンタルカレッジなど）が推進できた．	・E-ラーニングの活用により教育が実施できた． ・人事評価の納得度が向上した．	・必要能力に合致した教育プログラムが策定できた．
問題点	・部門をまたがるローテーション人事が不足していた． ・統計的手法改善事例件数が少なかった．	・個人面談の実施率が低く，上司とのコミュニケーションが不足していた．	・各部署の機能に応じた必要な教育ニーズの把握が不十分であった． ・社員満足度が下がった．	・スキル表の活用がまだ十分とはいえなかった． ・若年層の従業員満足があまり向上しなかった．

DR：歯科情報提供者　　　　　　GCDP：ジーシーデンタルプロダクツ
KI：カイゼン・イノベーション　HRM ：新人事制度

事例1　(株)ジーシー

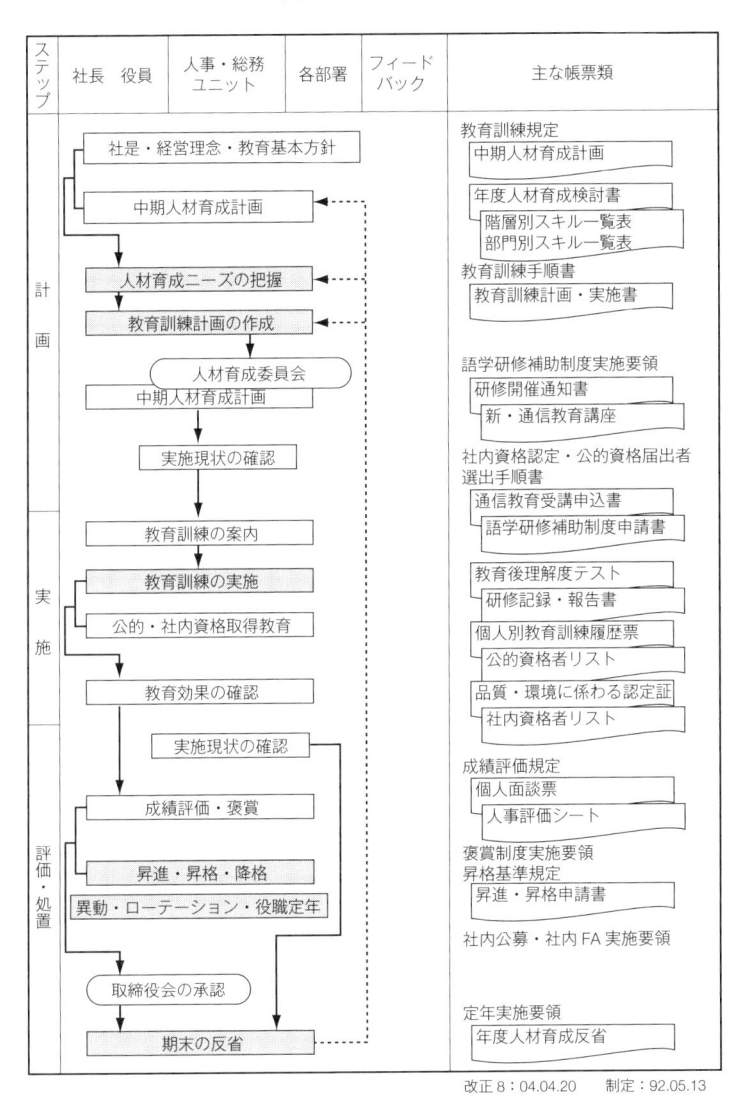

ステップ	社長　役員	人事・総務ユニット	各部署	フィードバック	主な帳票類
計画	社是・経営理念・教育基本方針 中期人材育成計画 人材育成ニーズの把握 教育訓練計画の作成 人材育成委員会 中期人材育成計画 実施現状の確認				教育訓練規定 　中期人材育成計画 　年度人材育成検討書 　　階層別スキル一覧表 　　部門別スキル一覧表 教育訓練手順書 　教育訓練計画・実施書 語学研修補助制度実施要領 　研修開催通知書 　　新・通信教育講座 社内資格認定・公的資格届出者選出手順書 　通信教育受講申込書 　　語学研修補助制度申請書
実施	教育訓練の案内 教育訓練の実施 公的・社内資格取得教育 教育効果の確認				教育後理解度テスト 　研修記録・報告書 個人別教育訓練履歴票 　公的資格者リスト 品質・環境に係わる認定証 　社内資格者リスト
評価・処置	実施現状の確認 成績評価・褒賞 昇進・昇格・降格 異動・ローテーション・役職定年 取締役会の承認 期末の反省				成績評価規定 　個人面談票 　　人事評価シート 褒賞制度実施要領 昇格基準規定 　昇進・昇格申請書 社内公募・社内FA実施要領 定年実施要領 　年度人材育成反省

改正8：04.04.20　　制定：92.05.13

図 10.1　人材育成体系図（要約）

して統計的手法教育では，"GC統計解析コース"，"ロバストパラメータデザイン"研究により，統計解析力の向上を図るなど，"階層別"・"専門"・"選抜"・"統計的手法"に分けて教育を実施してきた．

その結果，必要能力に合致した教育が実施され，"なかま"のパワーアップを図ることができた．

②についてD賞受審時は，人材活性化には不可欠な評価に対しても，評価の公平性・透明性に関して，少なからず不満が残っていた．

D賞受賞後は，評価に関する記入欄を充実させた"個人面談票"に基づき"個人面談"を年2回実施した．また，評価項目以外の成果をアピールできるように自己申告欄を設けた"人事評価シート"を作成し，活用を開始したことにより，上司からの評価についての説明が漏れることなく実施されるようになった．

その結果，評価に関して上司と十分にコミュニケーションをとることができ，評価に対する納得性を高め，"HRM（新人事システム）"が定着し，評価に対する社員の公平性・透明性に関しての不満が解消できた．

③についてD賞受審時は，調査している社員満足度・福利厚生評価に対しても，効果的なモラール向上策が実施されているとはいえなかった．

D賞受賞後は，"社員満足度調査"，"福利厚生評価シート"の二つのアンケート結果を解析して，重要要因を特定し，効果的な対策を実施するようにしてきた．その結果，人間性を重視した対策が実施され，モラールが向上できた．

具体例の参考として，教育の仕組み（図10.2）及び評価の仕組

事例1 (株)ジーシー

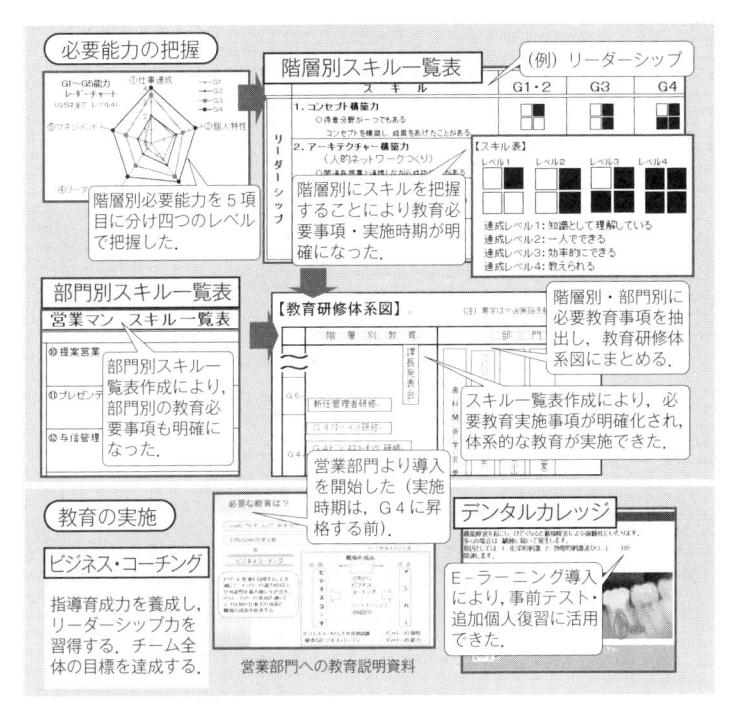

図 10.2 教育の仕組み

み（図 10.3）を示す．

(5) 効　果

有形・無形の効果は，次のとおりである．

① 有形の効果（図 10.4 を参照）

② 無形の効果

・必要能力の明確化により，業績評価・昇進昇格基準の素地ができた．

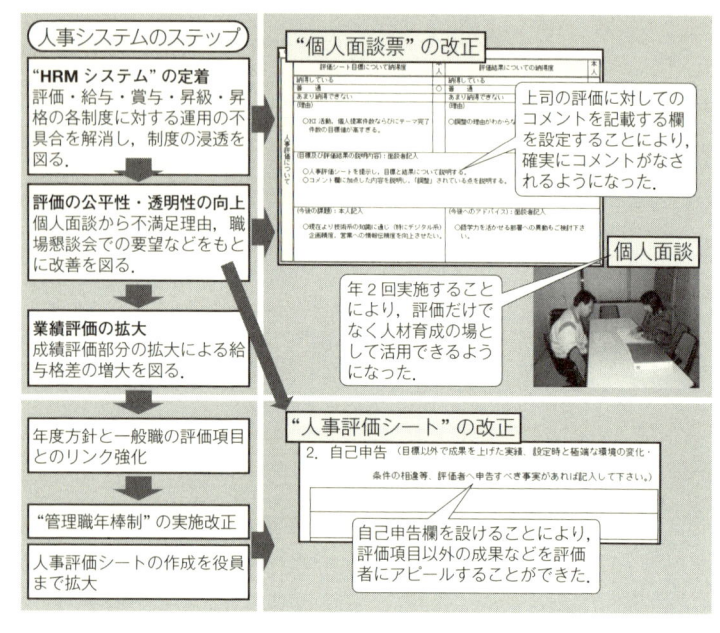

図10.3 評価の仕組み

人事システムのステップ

- **"HRMシステム"の定着**
  評価・給与・賞与・昇級・昇格の各制度に対する運用の不具合を解消し,制度の浸透を図る.

- **評価の公平性・透明性の向上**
  個人面談から不満足理由,職場懇談会での要望などをもとに改善を図る.

- **業績評価の拡大**
  成績評価部分の拡大による給与格差の増大を図る.

- 年度方針と一般職の評価項目とのリンク強化

- **"管理職年棒制"の実施改正**

- 人事評価シートの作成を役員まで拡大

"個人面談票"の改正

- 上司の評価に対してのコメントを記載する欄を設定することにより,確実にコメントがなされるようになった.
- 年2回実施することにより,評価だけでなく人材育成の場として活用できるようになった.

個人面談

"人事評価シート"の改正

- 自己申告欄を設けることにより,評価項目以外の成果などを評価者にアピールすることができた.

- 方針達成に向かって各自がチャレンジするべきことの明確化,また計画的,効果的な行動と,業務を行うことにより,行動改革,挑戦的風土が醸成された.
- 社員満足度調査・福利厚生評価シートから,的確な改善が行われるようになった.

(6) 今後の進め方

① スキルだけでなくコンピテンシー(姿勢・考え方・価値観)からの観点も加え,教育必要事項に組み入れていく.

事例1 (株)ジーシー   127

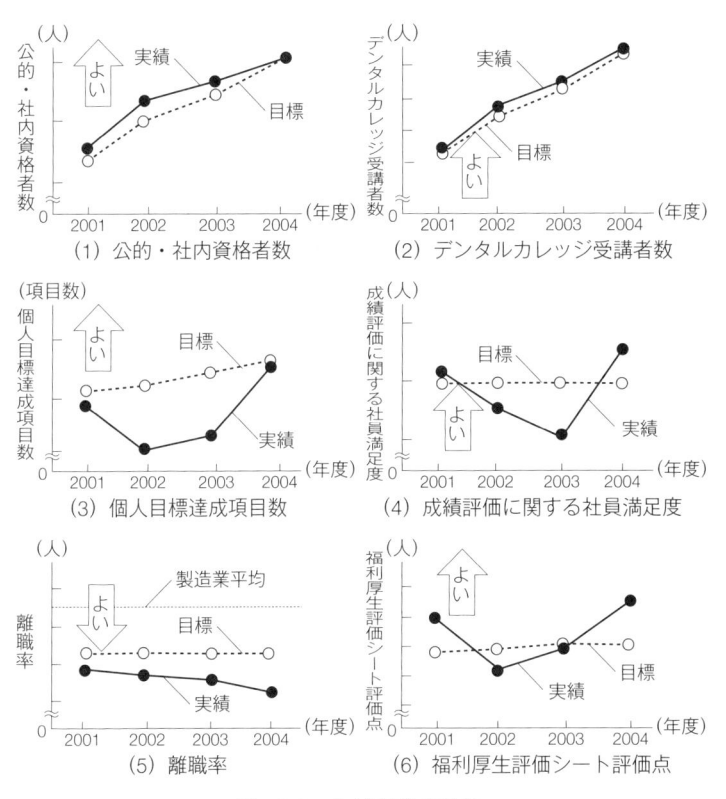

図 10.4 人材育成の効果

(1) 公的・社内資格者数
(2) デンタルカレッジ受講者数
(3) 個人目標達成項目数
(4) 成績評価に関する社員満足度
(5) 離職率
(6) 福利厚生評価シート評価点

② 昇給率の多少にかかわらず,成績評価が的確に反映できる給与制度の早期構築を行う.

③ タイムリーに,意見を反映したモラール向上策の策定を進める.

事例2 コニカミノルタグループ
―― "プロセス改善活動" と "品質工学" で人材を育てる

(1) 会社概要

コニカミノルタグループは2003年8月にコニカ(株)とミノルタ(株)が経営統合して発足した.当グループの主要製品には複写機,プリンタ,複合機,医用・産業用フィルム,光学製品,計測機器,プラネタリウム,インクジェット関連製品などがあり,"The essentials of imaging" を企業のメッセージとして,イメージング領域をドメインとして企業活動を行っている.

コニカミノルタグループは,コニカミノルタホールディングス(株)を持株会社とし,六つの事業会社と二つの共通機能会社,及び国内外に106社の連結対象の関係会社から構成されていて,グループ社員総数は,およそ3万名強の企業集団である.

2006年1月,創業以来の事業であるカメラ及びフォト事業の終了を決断した.それに伴い,現在,B to B と呼ばれる企業向けの事業に軸足を置いた事業構造への変革を進めている.そのため,イメージング分野の各事業領域において,先進的な技術を追求し,お客様の様々な課題解決を実現する革新的な商品とプロフェッショナルサービスを提供していくことで,"お客様のビジネスを成功に導くパートナ" として,高い信頼を寄せられる企業を目指している.

(2) 人事理念と教育体系

いうまでもなく,日々の業務を通じて,社会の中での企業価値を

高めていくために最も重要な要素は，企業の中で働く"ひと"である．このことを明確にするため，当グループでは，経営統合を機に人事理念を制定し，経営理念である"新しい価値の創造"を実現するために必要な"求める人材像"を明確にしている（図 10.5 参照）．

人事理念で特に強調したいのが，"変革をし続ける人材の尊重"である．この考えは，コニカミノルタの人材育成，教育の進め方の原点ともいえる．この人事理念に基づき，常にチャレンジ精神をもって変革をリードする人材を尊重し，育成する文化・風土を醸成するねらいをもって，教育体系を構成している．また，コニカミノルタは"グローバルに通用する企業"を目指して進んでおり，"アクトグローバルな人材の育成"にも熱意をもって取り組んでいる．さらに，常に従業員の自発的な啓発ニーズに対応できるようにコニカミノルタカレッジを開講し，これらを補完している．これらの人材育成体系を図 10.6 に示す．

経営理念
新しい価値の創造

企業メッセージ
The essentials of imaging

求める人材像
- 姿勢・志向
- 創造性・専門性
- 物事の見方・接し方
- 行動特性
 という四つの要素で努力し続けている人

人事理念

イメージングの領域において
市場をリードするグローバル企業を目指し，

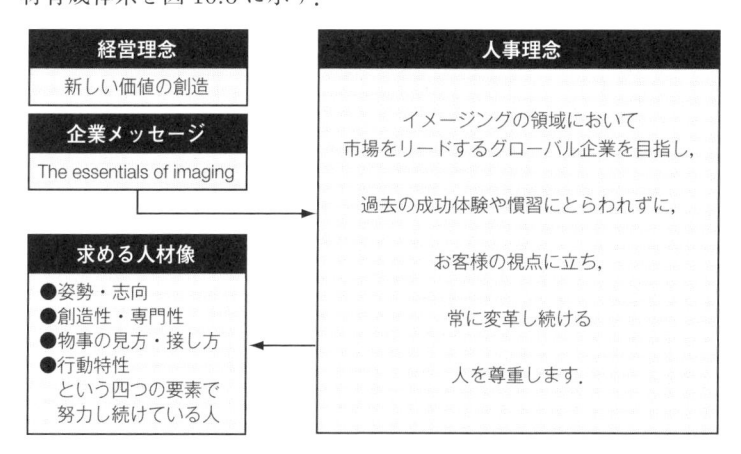

過去の成功体験や慣習にとらわれずに，

お客様の視点に立ち，

常に変革し続ける

人を尊重します．

図 10.5　コニカミノルタ人事理念

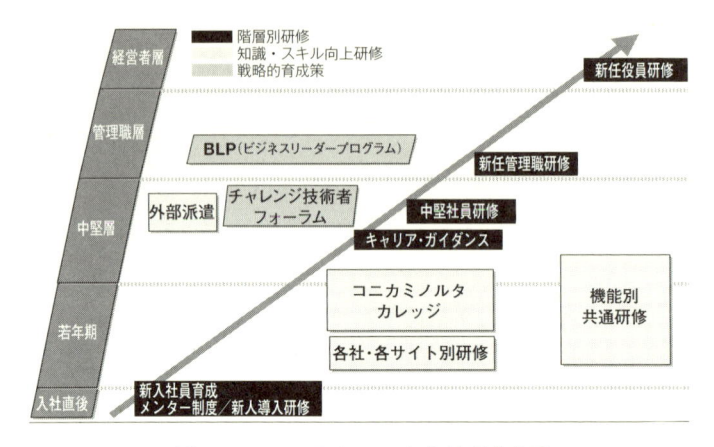

図10.6 コニカミノルタ人材育成体系

(3) 質管理活動とQC教育の特徴

コニカミノルタの質管理活動は歴史も古く，1963年にQCサークルを導入して以来，QC教育についても，活動の展開にあわせて順次進めてきた．その後，新入社員，中堅社員，管理職などの階層ごとのQC教育カリキュラムも整備し，全社的な教育体系が確立している．

これらの階層別教育は，"コニカミノルタカレッジ"として人事部門の人材育成プログラムと連動した運営を行っている．新入社員には基礎的な教育を，中堅社員には実践的なスキルアップ教育などである．

質管理教育の第一歩は，新入社員への"品質管理初級コース"で，入社1年目の中ごろに実施している．内容としては，

① コニカミノルタの質経営（質管理概論）

②　グループ内での質保証の具体的な取組み

③　プロセス改善活動（当社の小集団活動の呼称）の進め方

④　QC手法の解説と例題演習

など，できるだけ早く職場での実践ができるように教えている．

　2005年から，中堅技術者向けに，"統計解析上級コース"として，(財)日本科学技術連盟の"品質管理ベーシックコース"の講師を招きコニカミノルタとして必要なカリキュラムを選び，8日間コースとして実施している．これによって，研究・開発や生産技術・質保証部門などの技術者が広範囲な統計的解析法の理解を深め，業務に適用・活用できるスキル向上を図っている．この"統計解析上級コース"は，派遣職場などからのニーズが高いことから，実施回数や開催場所の増加など，段階的に拡大している．ただ，このような座学だけでは，その教育効果がなかなか向上しないことから，この"上級コース"では，あらかじめ受講者にその上司とともに統計解析によって解決したい職場の問題を考えてきてもらい，コース終了後に学んだ知識を活用した解決することを課題の一つにしている．このような方法をとることで，学んだ知識を活用した解決例が増えるに従い，受講者を送り出す職場や担当職制の"統計解析上級コース"に対する意識レベルも向上し，受講者のモチベーションアップにもつながっている．さらに，統計的解析法の深掘りや業務展開の適用事例の共有化を図るとともに，受講者間の"連携力"を高め，一層の活用を促すための"統計解析応用研究会"も計画している．

　一方，プロセス改善活動では，"人材育成"の現場を直接指導す

る社内インストラクタとして，(財)日本科学技術連盟が開催する"品質管理ベーシックコース（6か月間）"などの受講を資格要件とし，人材育成に熱意のある者を社内登録し推進している．

以上は，主な集合教育の内容であるが，個別ニーズに応じて職場単位又はサークル単位での現場指導を出張教育（出前実践教育）としても実施している．これらの"出前実践教育"は，コニカミノルタビジネスエキスパート(株)社会環境統括部グループ品質推進部が担当している．当該組織は，コニカミノルタグループ全体の品質管理推進本部に相当するところであり，プロセス改善活動の初歩から，QC手法［QC七つ道具（Q7），新QC七つ道具（N7）］，報告書のまとめ方，評価の仕方，発表会でのプレゼンテーションのまとめ方に至るまで，プロセス改善活動を活性化させるうえで必要なあらゆる相談に乗っている．この出前実践教育は，海外生産拠点へも当該事業会社とプロセス改善活動推進本部［コニカミノルタビジネスエキスパート(株)社会環境統括部］が連携して，主要各社の質管理活動やプロセス改善活動の活性化のために実施している．

表10.2に階層別の質管理教育体系（主に社内コース・社内講師による）を示す．主任・組長職（中間職位）のコースが多く用意されているが，実施にあたっては受講者層にあわせてアレンジしているのが実態である．統合以来，QC教育・プロセス改善教育の未受講者の解消に力を入れて実施してきた．

次に，当グループのQC教育の柱である"プロセス改善活動"と"品質工学"について，その取組み事例を紹介する．

表 10.2　コニカミノルタ質管理教育体系

階層	教育のねらい，あるべき姿	教育コース名 (内部教育，外部派遣)	受講対象	時間・期間
部課長職	トップの方針に基づき，担当部署の施策を展開し，月次フォローアップを行い，課題を達成する．	TQM概論　部課長コース（内部）	新任課長	2時間
係長職	自部署の実務に関して科学的なデータの解析手法の理解があり，それを活用して課題の達成ができる．	方針管理実践コース（内部）	新任係長	2時間
		法務・PL法基礎コース（内部）	新任当該係長	2時間
	自部門の改善活動の推進が円滑にできる基本的なスキルを身につける．	プロセス改善管理職（内部）	係長・管理職	1日
	自部門の改善活動の推進及び発表会などで講評できるスキルを身につける．	プロセス改善審査員教育	係長・管理職	4時間
	広範囲な統計的解析手法を理解し，業務への適用・活用できる．	品質管理基礎（統計解析上級）（外部講師）	技術系中堅	2日×4回
主任・組長職	担当業務について，上長の指導のもとに自主的にデータ解析を行い，問題点の指摘ができる．	品質工学　カレッジ(内部)基礎	技術系学卒	6日
		品質工学　カレッジ(内部)初級	技術系学卒必須	2日
		プロセス改善出前研修（内部）	サークル単位	テーマ完了まで
		プロセス改善基礎（内部）	サークルリーダクラス	1日
		プロセス改善初級（内部）	サークルリーダクラス	1日
一般職	担当職務について決められた手順を理解し，データの記録，取扱いができる．	新人研修：品質管理初級（内部）	新人必須	2日
		新入社員研修（品質管理概論）	新人必須	2時間

(4) プロセス改善活動

コニカミノルタグループの"プロセス改善活動"は，社内各部門でこれまで進めてきた"QCサークル"，"TPM活動サークル"，"小集団"，"プロジェクト"などの総称である．生産部門中心であったこれらの活動を全社・全部門に拡大し，すべての職場で業務プロセスを改善・改革する活動として，経営統合を機に新たなネーミングを行った．まさに，人事理念に掲げる"変革をし続ける人材の尊重"を具体化した活動である．具体的には，

- 管理職の関与に力点を置き職場課題の解決につなげる（達成感と職場貢献）．
- 活動を通じて新たな知識・スキルを獲得する（個人の成長）．
- 形式や枠組みを外し，自由な活動形態を推奨する（未活動部門の動機づけ）．

などを推進の方針とし，人づくりの大きな施策となっている．

また，このことは，経営統合前の各々の企業風土・仕事の進め方の違いによる混乱を解決し，新しい組織内のコミュニケーションの活性化にもつながり，コニカミノルタという新しい会社としての一体感の醸成にも寄与している．

以下に，プロセス改善活動における教育プログラムについて述べる．

① 活動サークルへの教育

プロセス改善活動は小集団・サークルを編成して行う活動である．そこでは，コミュニケーションスキルやリーダシップスキルが求められる．管理職，サークルリーダ，実務メンバ各々にQCを中

心とした教育プログラムを準備している．

② 活動サークルのモチベーション向上と優秀事例の共有化

プロセス改善活動の仕上げは，活動報告書の作成と評価，及び発表会での事例共有化と相互研鑽である．職場の管理職が評価し，その結果に応じて褒賞金を与える．優秀な事例については，発表会でプレゼンテーションされ，社長自ら講評している．発表会は各社によって異なるが，おおむね1年に1, 2回の頻度で開催している．

コニカミノルタは分社化しているため，この活動も基本的には各社の活動であるが，各社の優秀事例はグループ大会である"品質大会"で発表している．この"品質大会"には持株会社・グループ各社のトップ・役員を含め，社員総勢約800〜1 000名が一堂に会して開催される．トップからの質にかかわるメッセージを受けて質の重要性を再認識し，社外講師による特別講演を聴くことによって外部トップ企業の質活動事例を学ぶ場としている．さらには，プロセス改善活動の優秀事例を顕彰するとともに，改善内容を共有化し，相互研鑽する場としても位置づけている．この"品質大会"での最優秀事例は"グループ社長賞金賞"として選び，副賞としてはICQCCなどの海外QCサークル大会へ派遣するというグローバルな社外研修を実施している．この社外研修はコニカミノルタグループで活動している約1 300サークルの最高峰として位置づけられ，サークル活動への動機づけになっている．

一方，これらの優秀事例は，プロセス改善活動推進本部のデータベースに登録し，社内のウェブサイトでグループ各社から閲覧できるよう公開している．発表会でのプレゼンテーション，社長からの

講評などが，プロセス改善活動のモチベーションの一層の高揚に役立っていることはいうまでもない．

(5) 品質工学
① 品質工学の目的

コニカミノルタグループでは，品質工学を開発部門の生産性向上ツールとして普及・推進している．

そのポイントは，次の2点である．

 Ⅰ お客様の使用条件下で，お客様の求める質がどの程度発揮できるのかを，製品を市場に出す前に予測する．

 Ⅱ そのために必要な研究・開発の期間を大幅に短縮し，トータルコストの低減を図る．

Ⅰの予測とは，開発の早い段階で問題を発見することではない．問題を出すことなどあり得ないようなレベルまで技術そのものを成熟させることを意図する．いわば戦略的予測である．問題を探す行為や問題を対策する行為も無駄な行為であると考え，問題を発生させない技術を開発することを最優先に考えている．

Ⅱのトータルコストとは，製品原価のことではない．社長のコストも含めた"製品原価の3倍とも4倍ともいわれる本社コスト"のことである．苦労して製品原価を低減するよりも，開発スピードを上げ，本社コストを下げるほうが明らかに企業業績に貢献する．品質工学は楽をして高い技術を開発するための効果的手法であり，この実践が開発パワーそのものを更に高めることにつながると考えている．当然，技術者一人当たりの対応可能な技術課題も飛躍的に

広がる．

② 品質工学に関する教育

コニカミノルタグループでは，品質工学に関する教育コースを体系化している．その構造を図10.7に，各コースの教育内容を表10.3に示す．

前述した品質工学の目的は，大学では教えられていない．さらに技術系大学で教える工学でも不十分である．そこで，当グループではこの認識を新入社員（技術系必須）に醸成するため"品質工学初級コース"を設定している．さらに，"品質工学基礎コース"では，主に前述の目的I, IIの実践方法を教えている．

繰返しとなるが，当グループでは，問題解決のツールとして品質工学を教えてはいない．生産性を向上させ，求められる顧客価値を低コストで作り出し，社会に貢献することが我々の使命であるとの考えから，品質工学をこのための最も有効な手法として，開発に携わる人の"人づくり"をねらいに品質工学に関する教育を進めている．

このことは開発の質改革そのものでもある．経営層，管理者層の意識改革なくして大きな成果にはつながらない．今後は，品質工学マネジメント研修にも力を入れる予定である．なぜなら，トータル

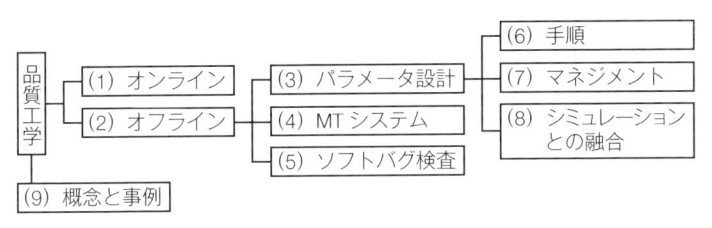

図10.7 品質工学研修コースマップ

表 10.3 品質工学研修コースの教育内容

名称	概略・目的	対象	図 10.7 との関連	期間
初級コース	品質工学の考え方の基本的な部分を理解する．技術者に必要な質やばらつきに関する知識及び信頼性の高い開発・設計における基本の考え方を理解させる．	新入社員	(9)	1日
基礎コース	品質工学の基礎を技術開発，製品開発，製品設計，ソフトウェアのデバッグ等の実務面に重点を置いて解説し，開発・設計及び生産現場で考慮すべき信頼性の高い開発・設計手法を習得．	一般技術者	(1) (2) (3) (4) (5) (6) (8)	6日

コストの低減は経営そのものでもあるからである．

③ 事例研究の指導（コンサルティング）

品質工学を理解するには，座学教育だけでは不十分である．"基礎コース"を受講した者には，引き続き生産性向上の体験学習（事例研究）をさせている．事例研究のテーマは実業務の課題で，教育から実際の成果を生み出している．

この体験を実のあるものにできるかどうかが生産性の高い技術者・マネジャーを養成できるかどうかのポイントと考えている．そのために，矢野宏先生を招き，定期的なコンサルティングの場を作っている．さらに，小回りの利く指導を充実させるために社内コンサルタントを任命し，日々の指導にあたらせている．

④ 品質工学シンポジウムの開催

事例研究で出た成果を発表する場として，シンポジウムを毎年開

催している．ちなみに2006年度の発表件数は約80件であった．シンポジウムの目的は，生産性向上の成果事例の共有化と横展開である．

シンポジウムでは優秀な事例には賞及び褒賞金を与えている．この賞を審査する審査員は各グループ会社のトップにお願いしている．審査員としてシンポジウムに参加することによって，経営トップも品質工学を学んでいることになる．このことは，品質工学を普及・推進するうえで非常に有効であると考えている．

⑤ 品質工学教育の成果

成果の一端を図10.8に示す．製品を利用した開発・設計が，テストピースやコンピュータシミュレーションを利用して，より上流で素早い開発・設計に変革しつつあることがわかる．

(6) 今後の進め方

経営統合後から4年が経過し，新しいコンセプトのもとでの質経営・質管理教育も統合され，ようやく軌道に乗りつつある．一方で，顧客ニーズの多様化，グローバル化，商品サイクルの短縮化，社会的要請などに的確に応えた商品・サービスをタイムリーに提供していくことが求められている．これらに応えるべく，変革に柔軟に対応し自らも変革し続ける人材育成（中堅，管理職，経営層を含む．）につながる質管理教育を目指していきたい．

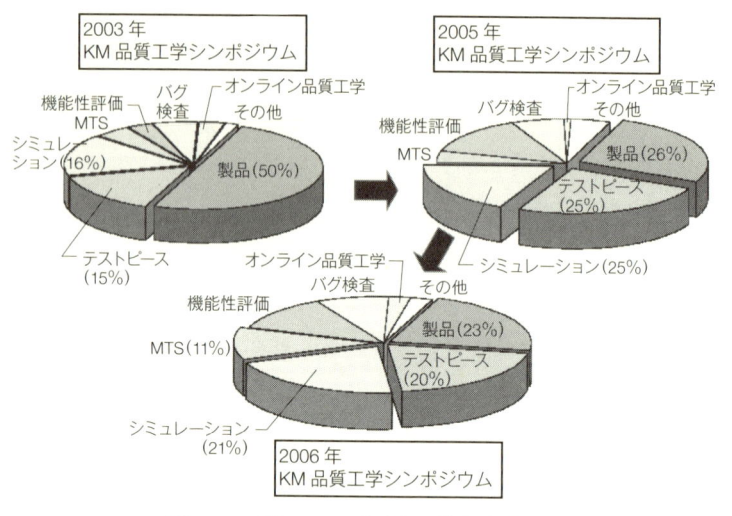

図 10.8 KM シンポジウム発表事例概要

第11章 質を第一とする人材育成は社会に対する企業責任

　昨今の多くの企業不祥事は，すべて質管理の不十分さから生まれ出たものといえる．品質立国日本にふさわしい質技術達成の仕組み構築が望まれる．

　質技術が個人技術になってしまうのは避けるべきで，そのためにも質技術の透明性が重要である．文字や言葉で表現することが難しいノウハウを伴う質技術は，一人ひとりの高い意識とその意識を高揚する企業風土の醸成が不可欠である．そのためにも能力を支援する教育プログラムの開発を経営方針として中・長期的に取り組むべき姿勢が経営トップ層に強く望まれる．質管理技術者を育てることは社会に対する企業責任といえる．

11.1　人材育成と企業の社会的責任

　お客様満足を第一と考え，社会的責任を果たすことを経営理念としているところが多い．お客様の満足は，企業が社会に提供する質によって決定されるといっても過言ではない．"市場において評価される質の確立" と "その質を達成するための人材の育成" は，企業が社会に存在するうえで要求される責務であり，持続的に成長を遂げていくための必須条件である．

会社の体質を変えていくためには，経営トップをはじめとした社員一人ひとりの自己変革が基盤となる．この自己変革は上からの強制ではなく，一人ひとりが目的意識に目覚めてはじめて可能となり，この一人ひとりの意識の目覚めが大変な力，すなわち思いもよらない潜在能力を引き出すことにつながるのである．

質をよくしたいという気持ちは全員がもっているが，それを実現するのはそう単純ではない．正しい質に対する考え方とその方法論を実践するためには，全社を挙げて組織的に取り組まなければならない．本当に実践できる状態に到達するためには時間も金もかかることを覚悟しなければならない．教育訓練で身につけた質技術の多くの知識を自らの現場で実践し，その結果を反省して新たな改善活動へと展開していく地道な努力が必要なのである．

しかし，質を正しく理解し実行できる人材が少なくなってきた．景気が悪くなれば，質教育に対する投資を削減する企業が多いこともその原因と考えられる．質技術を伝承し，顧客に満足していただけるモノづくりができる人材を育てるためには，質技術の指導者の確保と育成が急務である．ベテランの質管理技術者の雇用延長によって，急場をしのぐ企業もあるが，これらは一時しのぎでしかない．

社員一人ひとりが，自らの質意識の成長を確認しながら，もてる能力を最大限に発揮し，更に向上することができる環境を整備する必要がある．

質はお客様と企業の共通語である．自社の質を定義し，その質がお客様に受け入れられるかどうかを検証し，その質を全社員一人ひ

とりに理解させ，各自の職場における質を明確にした仕事のやり方を設定しなければならない．そこに標準化があり改善活動が必要となるのである．質を第一とした経営は，質を第一とする人材育成から達成されることを再認識したい．

経営トップは，社会に対する企業責任として，質管理技術者の継続的育成を経営の最重要課題ととらえ，中長期的に取り組む姿勢をもつべきである．

11.2 人材育成のフレームワーク

図 11.1 は質を第一と考える人材育成のフレームワークを示したものである．本章までに述べてきた内容を整理したい．【構造1】はお客様を第一と考え，質でお客様の要求に応えるという考えを全社員に定着させることである．そこに質管理技術者の倫理観が醸成され，結果として企業の社会的存在感が認知される．

【構造2】は第3章で述べた質技術の確立である．質管理を実践していくうえで，知識として習熟しておかなければならない質管理の知識要素を質技術と定義して，"全社 TQM 推進能力"，"質保証システムの運用能力"，"質問題解決能力" という三つの能力が総合された教育を実践する必要がある．すなわち，質を第一とする人材を育てることは，これら三つの能力を育成対象の人材に対して，現在の所属部門，職種，職位，将来の配属部門などを考慮し，社内教育，社外教育，部内 OJT などによる計画的な教育プログラムを実践することである．

144　第11章　質を第一とする人材育成は社会に対する企業責任

```
構造5  トップのリーダシップ
       顧客満足は質第一の徹底から

構造3
推進組織
①質管理技術者育成のための
  戦略策定及び組織体制の確
  立
②質技術伝承システムの確立

構造4
推進計画
①階層別・能力別教育体系
②SQCをはじめとする質技術
③質技術の実践による固有
  技術・管理技術の革新

構造2  質技術の定義
       質技術要素＝全社TQM推進能力
             ＋質保証システムの運用能力
             ＋質問題解決能力

構造1
ベース
顧客志向，質管理技術者倫理の定着，企業の存在感
```

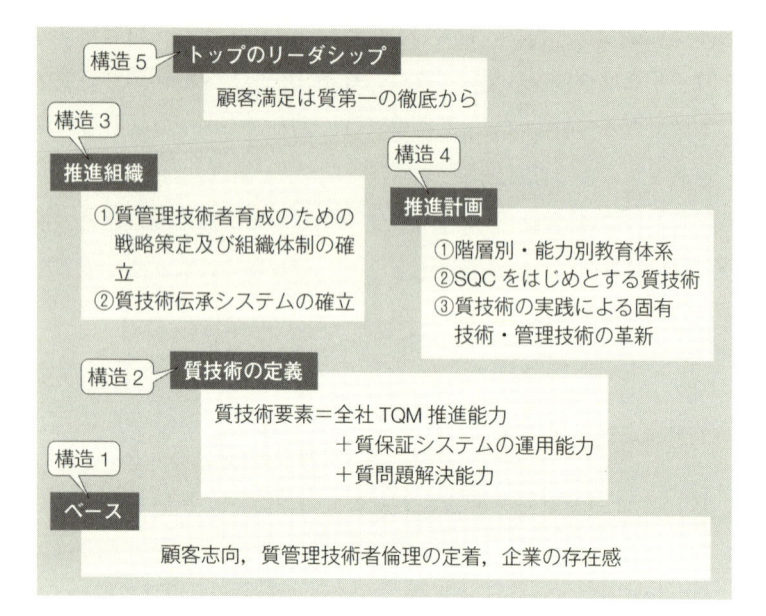

図11.1　質を第一と考える人材育成のフレームワーク

【構造3】は，経営ビジョンに基づく長期的な視野での人材育成戦略の策定とそれを実施する全社的な体系化の整備を意味している．どのような人材を望んでいるのか，どのような人材を育てたいのかを明確にした人材育成計画を受けて育成の組織を確立する必要がある．質技術の育成計画には，人事部門と質管理担当部門が一体となって，個人育成まで詳細な計画を立案することが大切である．教育カリキュラムと育成計画のステップは，人材育成管轄部門と育成対象者との十分なすりあわせを可能とした仕組みを構築しなければならない．人材育成を組織的に確立するということは，経営戦略に基づく中期計画の中に人材育成の戦略が明示され年度計画へと展

開され，年度活動の実施・評価・反省までを仕組みとして定着する必要がある．

また，質管理に関する多くの知識や技術・技能を，先輩たちから後輩に伝承していく仕組みが必要である．質技術の伝承を目的とした人材育成の取組みを体系化する必要がある．失敗や成功の事例は何よりも優れた教材である．伝承に限らず技術の革新のヒントとしても活用すべきである．

【構造4】は，質管理を取り巻くあらゆる技術をどのように社内に浸透させるかを仕組みとして確立することを意図している．7.2 節で説明した教育体系の整備を行う．そのためには，どのような階層や部門にどのような教育を行うのか，を教育体系として明確にしておくべきである．各階層，各部門に応じた社内外の教育プログラムを検討・選定しながら，受講対象者，開催時期などを計画的に実施する仕組みを構築する．

【構造5】は，何といっても経営トップの人材育成に対するリーダシップである．経営トップの質管理に対する理解と実践態度及びリーダシップが企業の将来を決定する．経営トップは，自ら質を正しく理解することは当然であるが，質を第一と考え実践できる人材を育成する責任がある．質を第一と考える人材は自社にとって重要な経営資源であることを認識し，その人材を育成することが自社の将来の発展につながることを確信することが大切である．

質を第一と考える人材を育てることは企業の発展につながるとの理念をもち，人材の育成にもっと資金を投入する必要がある．経営幹部の教育をはじめ，階層ごとの社内教育，社外教育，さらに職場

の活性化教育などの教育プログラムを実践し,人の育成と教育に真剣に取り組まなければならない.

経営トップの役割は極めて重要である.お客様から信頼され,満足される質管理の体制を構築するためには,経営トップ自らが,人材育成に対する自社の経営理念を明確に打ち出す必要がある.そして,人材育成の重要性を事あるごとに全社員に対して徹底して訴え続ける根気強さが大切である.一方,他社の質管理の取組みとその人材育成への考え方など,常日ごろから積極的なベンチマークを心がけるべきである.

引用・参考文献

1) 経済産業省・厚生労働省・文部科学省編(2007)：2007年版ものづくり白書，ぎょうせい
2) 石川馨(1989)：第3版品質管理入門，日科技連出版社
3) 積水化学工業(株)(2007)：「環境」「CS品質」「人材」で際立ち，事業を通じて社会へ貢献—CSRレポート—2007, p.46
4) 山本泰彦(2001)：TQMの人間的側面と人才(じんさい)育成，品質管理，Vol.52, No.7, pp.33–37, 日本科学技術連盟
5) 中條武志，山田秀編著(2006)：マネジメントシステムの審査・評価に携わる人のためのTQMの基本，日科技連出版社
6) 澤田潔(2008)：「プロセス改善活動」と「品質工学」でコニカミノルタの求める人材を育てる，クオリティマネジメント，Vol.59, No.2, pp.22–27, 日本科学技術連盟
7) 武石健嗣(2007)：株式会社ジーシーにおけるGQMの推進，デミングレビューレポート，2007年11月，pp.21–26
8) ブライアンL.ジョイナー著，狩野紀昭監訳，安藤之裕訳(1995)：第4世代の品質経営，日科技連出版社
9) 前田又兵衞(2001)：人づくり・ものづくり・夢づくり，小学館
10) 桐村晋次(2005)：人材育成の進め方(第3版)，日本経済新聞社
11) 細谷克也(2006)：QCサークルリーダー・メンバーマニュアル，日科技連出版社
12) 岩崎日出男，内田英夫(2006)：ものづくりにおける技術の伝承と人材育成，品質，Vol.36, No.1, pp.7–15, 日本品質管理学会
13) 佐藤政人(2007)：実戦人材開発の教科書，ダイヤモンド社
14) 佐藤剛監修(2007)：グロービスMBA組織と人材マネジメント，ダイヤモンド社
15) 岩崎日出男(1991)：TQCにおける問題解決の重要性・品質月間テキスト218，日本科学技術連盟，日本規格協会
16) 日本規格協会名古屋QC研究会編(1992)：固有技術を伸ばすSQC活用事例集，日本規格協会
17) 岩崎日出男，泉井力(2004)：クォリティマネジメント入門，日本規格協会

索　引

【アルファベット】

C(Cost)　91
D(Delivery)　91
FMEA　38
FTA　38
GQM　117
Off-JT　25
OJT　20, 53, 76
PDCAサイクル　22, 92
Q(Quality)　91
QA　43
QC検定　75
QCサークル　58, 83, 86
　——活動の基本理念　84
　——の基本　83
　——を実践するために必要な要件
　　　91
QC手法　109
　——のうまい使い方　109
QC的モノの見方　59
QFD　36, 40
SQC　25, 59
TQM　34
　——推進の技術　33

【あ行】

アウトプット　94
後工程はお客様　58, 94
インプット　94

【か行】

解決策の裏づけ　113
解析力　106
改善する問題　100
階層別教育　54, 130
階層別質技術教育　72
課題達成型アプローチ　100
課題達成型の手順　103
管理技術　39
企業における人材育成　25
企業の社会的責任　141
企業ミッションの設定　80
技術の共有化　114
教育・OJT　47
教育カリキュラム　19
教育訓練費　22
教育研修　66
協力会社の質確保　35
グループとしての行動　89
経営トップ層の役割　14
経営理念　69
計画立案力　108
現状分析力　105
現場　27, 58
効果確認力　107
工程　93
故障の木解析　38
故障モードと影響解析　38
コストの低減　12

固有技術を伸ばす　111

【さ行】

再発防止　95
3ゲン主義　58
自己啓発と相互啓発の発揮　87
自己変革　142
事実による管理　27, 94
自主性　88
市場トラブルへの対応技術　36
質　12, 42, 142
質確保の技術　30
質管理　11
質管理技術者　47
　——教育体系　53
　——の育成の阻害要因　48
　——の育成の問題　51
質管理教育　21
　——体系　133
　——の内容　70
質管理推進能力の3分類　45
質管理に対する理解　14
質管理の教育プログラム　54
質管理のための技術　29
質管理の役割　13
質技術　26, 29, 42
質技術教育　64
質技術伝承　63
　——のためのヒント　64
質技術の育成　61
　——計画　144
質技術の可視化　49, 74
質技術の文化醸成　61
　——のためのヒント　63
質技術要素　45
質情報　35
質第一　91
質なくして経営なし　54
質の改善　12
質評価技術　34
質方針の策定　66
質保証　37, 43
　——体系図　37
質問題解決の技術能力　44
社会責任　81
社長診断会　16
重点志向　92
人材育成　20, 80, 119, 141
　——システム　20
　——体系図　123
　——の効果　127
　——の実践事例　117
　——の体系図　71
　——のフレームワーク　143
人事部門　26
人事理念　128
信頼性技術　38
製品評価に関する技術　36
全員参加　90
全社TQM推進に関する能力　42
創意工夫の醸成　87
創造する問題　100

【た行】

対策案設定力　107
中期人材計画　69
統計的解析技術　38
統計的質管理　25, 60
統計的手法　60

【な行】

日本古来の技術の伝承　77
ネック技術の解決　113
ノウハウ　114

【は行】

ばらつき　95
　——の管理　95
パレートの原則　93
標準化　50, 96
　——・マニュアル化の技術　31
　——力　108
品質管理教育コース　56
品質管理検定　75
品質機能展開　36
品質工学　138
フィロソフィ　12, 24
物理的性質の解明　114
部門間調整　41
プロセス　93
　——改善活動　134
　——管理　93
プロダクトアウト　40, 94

【ま行】

マーケットイン　40, 94
マネジメントの仕組み　41
目標設定能力　106
モチベーション　78
　——高揚の要件　78
　——高揚方法　79
問題　99
　——意識の高揚　86
　——解決型アプローチ　100
　——解決実践力の評価　105
　——解決の手順　102
　——・課題解決　31
　——点把握力　105
　——と課題の関係　101

【や行】

要素技術　29
予測の技術　33

【ら行】

リーダシップ　145
量産化技術　30

JSQC選書 3

質を第一とする人材育成
人の質，どう保証する

定価：本体 1,500 円（税別）

2008 年 9 月 8 日　　第 1 版第 1 刷発行

監　修　者　社団法人 日本品質管理学会
編　　　著　岩崎　日出男
発　行　者　島　　弘志
発　行　所　財団法人 日本規格協会

〒107-8440　東京都港区赤坂 4 丁目 1-24
　　　　　　http://www.jsa.or.jp/
　　　　　　振替　00160-2-195146

印　刷　所　日本ハイコム株式会社
製　　　作　有限会社カイ編集舎

© Hideo Iwasaki, et al., 2008　　　　　　　　Printed in Japan
ISBN978-4-542-50454-7

当会発行図書，海外規格のお求めは，下記をご利用ください．
　出版サービス第一課：(03)3583-8002
　書店販売：(03)3583-8041　　注文 FAX：(03)3583-0462
　JSA Web Store：http://www.webstore.jsa.or.jp/
編集に関するお問合せは，下記をご利用ください．
　編集第一課　FAX：(03)3583-8007　FAX：(03)3582-3372
●本書及び当会発行図書に関するご感想・ご意見・ご要望等を，
　氏名・年齢・住所・連絡先を明記の上，下記へお寄せください．
　　　e-mail：dokusya@jsa.or.jp　　FAX：(03)3582-3372
　（個人情報の取り扱いについては，当会の個人情報保護方針によります．）